헌법(憲法)[헌ː뻡][헌법만[헌ː뻠-]] 명 [법] ① 국가 통치 체제의 기초에 관한 각종 근본 법규의 총체. 모든 국가의 법의 체계적 기초로서 국가의 조직, 구성 및 작용에 관한 근본법이며 다른 법률이나 명령으로써 변경할 수 없는 한 국가의 최고 법규이다. ② 자유주의 원리에 입각하여, 국민의 기본적인 인권을 보장하고 국가의 정치 기구 특히 입법 조직에 대한 참가의 형식 또는 기준을 규정한 근대 국가의 근본법.

국립국어연구원 편찬 《표준국어대사전》

대한민국 헌법

펴낸이/박영률
기획/류이인렬 · 박영률 · 백욱인 · 송성재 · 이석태 · 정주하

초판 1쇄 펴낸날 2003년 6월 27일
초판 2쇄 펴낸날 2016년 12월 15일

박영률출판사
03991 서울시 마포구 월드컵북로 46 3층
전화(02) 7474 001, 팩스(02) 736 5047
출판등록 1997년 2월 13일 제1-2136호
commbooks@commbooks.com
www.commbooks.com

이 책은 박영률출판사가 사진 저작권자와 계약하여 출판하였습니다.
본사의 서면 허락 없이는 이 책에 실린 사진, 사진 설명, 편집 체계와 기획 편집의
사상을 이용할 수 없습니다.

ISBN 89-86099-94-2

책값은 뒤표지에 있습니다.

대한민국 헌법

대한민국, 서울, 박영률출판사, 2003

우리의

약속.

6월, 헌법.

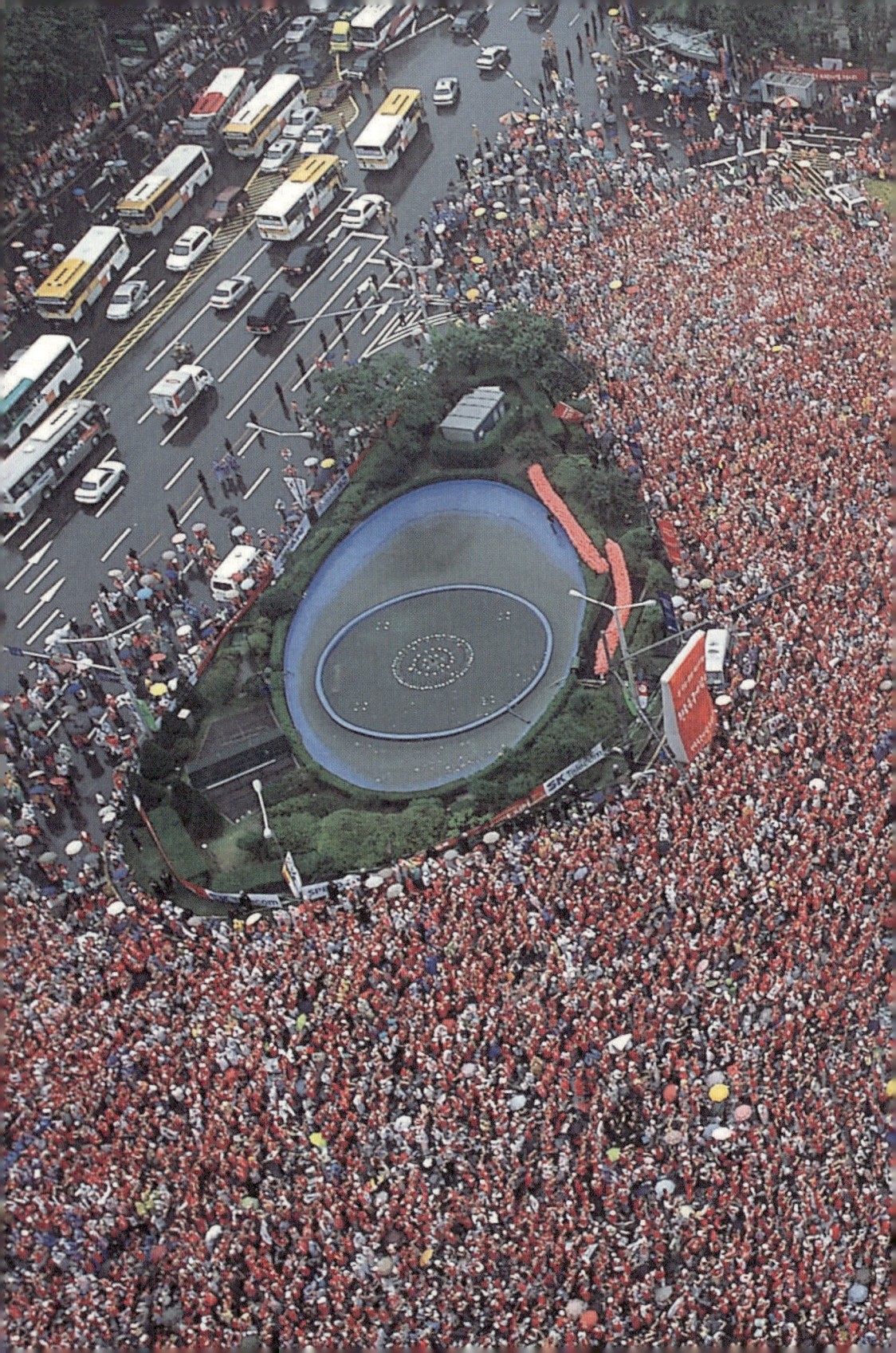

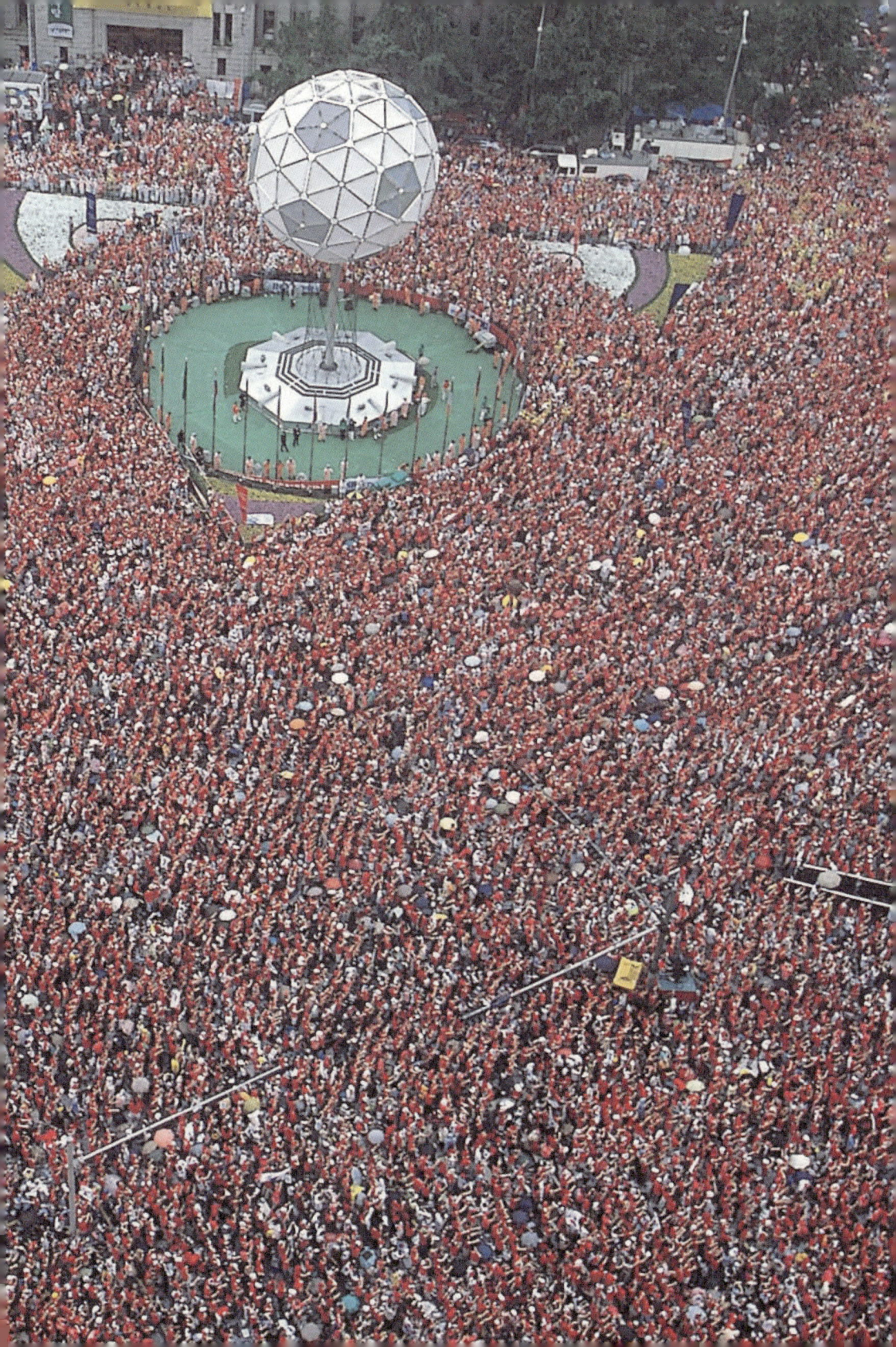

목차

- 12 · 전문
- 18 · 제1장 총강
- 30 · 제2장 국민의 권리와 의무
- 64 · 제3장 국회
- 90 · 제4장 정부
- 124 · 제5장 법원
- 136 · 제6장 헌법재판소
- 146 · 제7장 선거관리

156 · 제8장 지방자치
160 · 제9장 경제
174 · 제10장 헌법개정

182 · 부칙
196 · 사진 찾아보기
199 · 편집후기
201 · 찾아보기

제정	1948년 7월 17일
일부개정	1952년 7월 7일
일부개정	1954년 11월 29일
일부개정	1960년 6월 15일
일부개정	1960년 11월 29일
일부개정	1962년 12월 26일
일부개정	1969년 10월 21일
전문개정	1972년 12월 27일
전문개정	1980년 10월 27일
전문개정	1987년 10월 29일

전문

유구한 역사와 전통에 빛나는 우리 대한국민은 3·1운동으로 건립된 대한민국 임시정부의 법통과 불의에 항거한 4·19민주이념을 계승하고, 조국의 민주개혁과 평화적 통일의 사명에 입각하여 정의·인도와 동포애로써 민족의 단결을 공고히 하고, 모든 사회적 폐습과 불의를 타파하며, 자율과 조화를 바탕으로 자유민주적 기본질서를 더욱 확고히 하여 정치·경제·사회·문화의 모든 영역에 있어서 각인의 기회를 균등히 하고, 능력을 최고도로 발휘하게 하며, 자유와 권리에 따르는 책임과 의무를 완수하게 하여, 안으로는 국민생활의 균등한 향상을 기하고 밖으로는 항구적인 세계평화와 인류공영에 이바지함으로써 우리들과 우리들의 자손의 안전과 자유와 행복을 영원히 확보할 것을 다짐하면서 1948년 7월 12일에 제정되고 8차에 걸쳐 개정된 헌법을 이제 국회의 의결을 거쳐 국민투표에 의하여 개정한다.

1987년 10월 29일

유구(悠久)하다 지나온 시대가 아득히 길고 오래다.
역사(歷史) 1. (오랜 세월에 걸쳐) 인간 사회가 겪어 온 변화의 모습 또는 그 기록. 2. 어떤 사물이나 조직, 인물 따위가 오늘에 이르기까지의 자취.
전통(傳統) 어떤 집단이나 공동체에 예로부터 이어져 내려오는 관습·행동 양식(樣式)·의식(意識)·태도 따위의 일정한 계통이나 흐름. 역사적 생명력을 가진 것으로서 현재의 생활에 가치 있는 문화유산을 이르기도 함.
법통(法統) 법률적, 역사적 정통성.
불의(不義) 옳지 아니한 일. 사람의 도리에서 벗어나는 일.
항거(抗拒) 순종하지 않고 맞서 대항함.
계승(繼承) (조상이나 선임자, 혹은 선대의 업적·유산·전통 따위를) 이어받음.
조국(祖國) 조상 때부터 대대로 살아온 나라. 자기가 태어난 나라.
사명(使命) 마땅히 해야 할 일로서 맡겨진 일.
입각(立脚)하다 근거로 삼아 그 입장에 서다.
정의(正義) 사회나 공동체를 위한 올바른 도리. 곧, 사회 전체의 평화와 행복을 위해 법과 질서를 바로 세우고, 구성원의 기회나 권리를 공평하게 보장하는 일.
인도(人道) 사람으로서 마땅히 지켜야 할 도리.
동포(同胞) ('같은 뱃속에서 난 한 핏줄'이라는 뜻으로) 같은 민족에 속하는 사람. 겨레.
단결(團結) 여러 사람이 한마음 한뜻으로 뭉침.
공고(鞏固)하다 (의지 따위가) 굳고 흔들림이 없다.
폐습(弊習) 나쁜 풍습. 옳지 못하고 해로운 풍습. 폐풍(弊風).
타파(打破)하다 (잘못되거나 낡은 관습·제도 따위를) 깨뜨려 버림. 무너뜨려 없앰.
자율(自律) 남에게 지배나 구속을 받지 않고 스스로 세운 규율에 따름.
조화(調和) 대립이나 어긋남이 없이 서로 잘 어울림. 균형이 잘 잡힘.
정치(政治) 1. (정당을 기반으로 국가의) 권력을 획득하고 유지, 행사하기 위하여 벌이는 모든 활동. 2. 위정자가 국민을 위하여 시행하는 여러 가지의 일.
경제(經濟) 인간이 공동생활을 하는 데 필요한 재화를 획득하고 이용하는 활동, 또는 이를 통하여 이루어지는 사회관계.
사회(社會) 1. 공동생활을 하는 인간의 집단 생활의 총칭. 가족·마을·조합·정당·회사·국가 따위. 2. 같은 부류의 집단.
문화(文化) 인류가 모든 세대를 통하여 이루어 놓은 삶의 양식 및 표현 체계. 언어·예술·종교·지식·도덕·풍속·제도 따위.
각인(各人) 각각의 사람
기회(機會) 1. (어떤 일이나 행동을 하기에) 알맞은 때나 경우. 2. (어떤 일을 할) 겨를이나 짬.
균등(均等) 수량이나 상태 따위가 차별 없이 고르고 가지런함.
발휘(發揮)하다 (지니고 있는 재능이나 힘 따위를) 충분히 부리어 나타내다. 떨쳐 드러내다.
자유(自由) 1. 남에게 얽매이거나 구속받지 않고, 자기의 뜻대로 행동하는 일. 2. 법률이 정한 범위 안에서 자기 마음대로 할 수 있는 행위.
권리(權利) 1. 무슨 일을 자기 마음대로 할 수 있는 자격. 2.(법률) 어떤 일을 자유로이 행하거나 타인에 대하여 당연히 주장하고 요구할 수 있는 힘이나 자격.
책임(責任) 1. 맡아서 해야 할 임무나 의무. 2. 법률상의 불이익 또는 제재(制裁)가 가해지는 일. 좁은 뜻으로는 위법한 행동을 한 사람에 대한 법적인 제재를 이름. 민사 책임과 형사 책임이 있음.
의무(義務) 1. 사람이 사람으로서 마땅히 해야 할 일. 책무(責務). 2. 법률로써 강제로 하게 하거나 못하게 하는 일.
완수(完遂) 맡은 일을 모두 이루거나 다해 냄.
항구(恒久) 변함없이 오래가다. 영구(永久)하다.
인류공영(人類共榮) 세계의 모든 사람이 다 함께 번영함.
이바지 (나라나 사회에, 또는 그것을 위한 보람 있는 일에) 도움이 됨. 공헌함.
자손(子孫) 1. 자식과 손자. 2. 후손(後孫).
안전(安全) 1. 위험하지 않음. 위험이 없는 상태. 2. 아무 탈이 없음.
행복(幸福) 마음에 차지 않거나 모자라는 것이 없어 기쁘고 넉넉하고 푼푼함, 혹은 그러한 상태.
확보(確保)하다 확실하게 갖다.
제정(制定) (제도나 규정 따위를) 만들어 정함.
개정(改定) (한번 정했던 것을) 고쳐 다시 정함.
국민투표(國民投票) 선거 이외의 국정상(國政上) 중요한 사항에 관하여 국민이 하는 투표. 일반투표.

TheKoreacons

대한민국헌법
大韓民國憲法

itution

제1장

총강

제1장 총강
大韓民國憲法

제1조 ① 대한민국은 민주공화국이다.

② 대한민국의 주권은 국민에게 있고, 모든 권력은 국민으로부터 나온다.

제2조 ① 대한민국의 국민이 되는 요건은 법률로 정한다.

② 국가는 법률이 정하는 바에 의하여 재외국민을 보호할 의무를 진다.

민주공화국(民主共和國) 주권이 국민 전체에게 있는 민주주의 국가.
주권(主權) 1. 국가 의사를 최종적으로 결정하는 최고·독립·절대의 권력. 2. 한 국가가 가지는 독립적 자주권.
국민(國民) 국가를 구성하는 자연인을 통틀어 일컫는 말. 또는, 그 나라의 국적을 가진 사람.
권력(權力) 다른 사람을 지배하여 강제로 복종시키는 공인된 권리와 힘. 특히, 국가나 정부가 국민에 대하여 갖고 있는 강제력.
요건(要件) 필요한 조건. 긴요한 일.
법률(法律) 1. 공동의 사회생활을 유지하기 위해 정한 강제적인 규범. 국가가 제정하고 국민이 준수하는 법의 규율. 2. 국회의 의결을 거쳐 제정되는 성문법(成文法)의 한 형식. 헌법의 다음 단계에 놓이는 국법으로, 행정부의 명령이나 입법부·사법부의 규칙 등과 구별됨.
국가(國家) 일정한 영토와 그곳에 사는 국민들로 이루어져, 주권에 의한 통치 조직을 지니고 있는 사회 집단. 나라.
재외국민(在外國民) 일시적으로 해외에 거주하고 있는 국민.
영토(領土) 그 나라가 영유하고 있는 땅. 그 나라의 통치권이 미치는 지역. 넓은 뜻으로는 영해(領海)와 영공(領空)을 포함함.
부속도서(附屬島嶼) 주된 영토에 딸린 크고 작은 섬.

제3조 대한민국의 영토는 한반도와 그 부속도서로 한다.

제4조 대한민국은 통일을 지향하며, 자유민주적 기본질서에 입각한 평화적 통일정책을 수립하고 이를 추진한다.

제5조 ① 대한민국은 국제평화의 유지에 노력하고 침략적 전쟁을 부인한다.

② 국군은 국가의 안전보장과 국토방위의 신성한 의무를 수행함을 사명으로 하며, 그 정치적 중립성은 준수된다.

통일(統一) 1. 나누어진 여러 부분을 하나의 조직체계 아래로 모이게 하는 것. 2. 서로 다른 것들을 똑같이 되게 함.
지향(志向)하다 생각이나 마음이 어떤 목표를 향하다.
평화(平和) 1. (사람들끼리 서로 싸우거나 미워하지 않고) 평온하고 화목함. 2. (나라와 나라 사이에) 전쟁이 없이 세상이 평안함.
정책(政策) (정부나 정치단체의) 정치적 목적을 실현하기 위한 방향과 그것을 이루기 위한 방법.
유지(維持) (어떤 상태를 일정하게 또는 변함없이 계속하여) 지켜감. 지탱함.
노력(努力) (어떤 일을 이루기 위하여) 힘을 다하여 애씀.
침략(侵掠) (남의 나라를) 침범해 땅을 빼앗는 것.
부인(否認) 인정하지 않음.
신성(神聖)하다 더럽힐 수 없도록 거룩하다.
정치(政治)적 중립성(中立性) 정치적인 문제에 대하여 어느 한 입장에 치우치거나 선택하지 않으려는 입장과 태도.

제1장 총강 大韓民國憲法

제6조 ① 헌법에 의하여 체결·공포된 조약과 일반적으로 승인된 국제법규는 국내법과 같은 효력을 가진다.

② 외국인은 국제법과 조약이 정하는 바에 의하여 그 지위가 보장된다.

제7조 ① 공무원은 국민전체에 대한 봉사자이며, 국민에 대하여 책임을 진다.

준수(遵守)하다 (명령이나 규칙을) 그대로 따라서 지키다.
체결(締結) 계약이나 조약을 맺음.
공포(公布) 1. 널리 알림. 2. 새로 제정된 조약이나 법령을 국민에게 두루 알림.
조약(條約) 문서에 의한 국가 간의 합의.
승인(承認) 1. 정당하거나 사실임을 인정함. 2. 국가·정부 따위에 대하여 국제법상의 지위를 인정하는 것.
국제법규(國際法規) 국가 간의 합의에 따른 조약이나 국제적인 관습에 의해 성립하는 국제법상의 규정이나 규칙.
효력(效力) 1. 법률이나 규칙 등의 작용. 2. 어떤 대상이 다른 대상에 작용하여 나타내는 힘. 효과.
외국인(外國人) 다른 나라 사람. 외국 국적을 가진 사람.
지위(地位) 사회적 신분에 따라 차지하게 되는 자리나 위치.
보장(保障)하다 잘못되는 일이 없도록 지켜주다.
공무원(公務員) 국가나 지방 공공 단체의 공적인 업무를 맡아 보는 사람.
봉사(奉仕) (국가나 사회 또는 남을 위하여) 자신을 돌보지 않고 애쓰는 것.
책임(責任) 1. 맡아서 해야 할 임무나 의무 2. 법률에서, 행위의 결과에 따른 손실이나 제재를 떠맡는 일(민사 책임과 형사 책임이 있음)
정당(政黨) 정치 이념이나 이상을 함께 하는 사람들이, 정권을 잡아 그 이념이나 이상을 실현하기 위하여 모인 단체.
설립(設立) (학교·회사 따위의 단체나 기관을) 새로 만듦.
복수정당제(複數政黨制) 민주주의의 주요한 원칙 중 하나로 여러 정당의 설립이 가능한 정치제도.
목적(目的) 어떤 일을 통해 이루고자 하는 바. 또는, 어떤 일을 하는 동기나 이유.
의사(意思) (무엇을 하려고 하는) 생각이나 마음.
참여(參與) 관계하여 도움이 되는 일을 하는 것.
조직(組織) (어떤 목표를 달성하기 위하여) 일정한 지위나 역할을 지닌 사람이나 물건이 모여서 질서 있는 하나의 집합체를 이룸. 또는 그 집합체

② 공무원의 신분과 정치적 중립성은 법률이 정하는 바에 의하여 보장된다.

제8조 ① 정당의 설립은 자유이며, 복수정당제는 보장된다.

② 정당은 그 목적·조직과 활동이 민주적이어야 하며, 국민의 정치적 의사형성에 참여하는 데 필요한 조직을 가져야 한다.

③ 정당은 법률이 정하는 바에 의하여 국가의 보호를 받으며, 국가는 법률이 정하는 바에 의하여 정당운영에 필요한 자금을 보조할 수 있다.

자금(資金) 단체나 기관 등의 유지 및 운영에 필요한 돈.
보조(補助)하다 모자라거나 넉넉지 못한 것을 보태어 돕다.
민주적(民主的) 민주주의의 정신이나 방법에 알맞거나 꼭 들어맞는.
위배(違背) (약속이나 명령 따위를) 어기거나 지키지 아니함.
해산(解散) 단체나 조직 따위를 해체하여 없앰.
제소(提訴) 소송을 제기함.
정부(政府) 1. 국가를 다스리는 기관. 곧, 입법부·사법부·행정부의 총칭. 2. 특히, '행정부'를 가리키는 말.
심판(審判) 1. (법률에서) 어떤 사건을 심리하여 그것의 옳고 그름에 대한 판결을 내림. 2. 경기에서, 반칙 등을 판단하고 승패나 우열 따위를 가림. 또는 그 일을 하는 사람.

전통문화(傳統文化) 예로부터 한 사회에 이어져 내려온 물질적, 정신적 유산.
계승(繼承) 1. (선임자의 뒤를) 이어받는 것. 2. (선대의 업적·유산·전통 따위를) 이어받는 것.
발전(發展) 1. 세력 따위가 강하게 뻗어 나감. 2. 어떤 상태가 보다 좋은 상태로 되어 감. 3. 어떤 일이 낮은 단계에서 보다 높은 단계나 복잡한 단계로 나아감.
민족문화(民族文化) 한 민족의 말·풍습 등을 토대로 이루어진 독특한 문화.
창달(暢達) 1. 의견·견해·주장 따위를 거리낌없이 자유로이 표현하고 전달함. 2. 거침없이 쭉쭉 뻗어 자람. 또는 그렇게 되게 함.

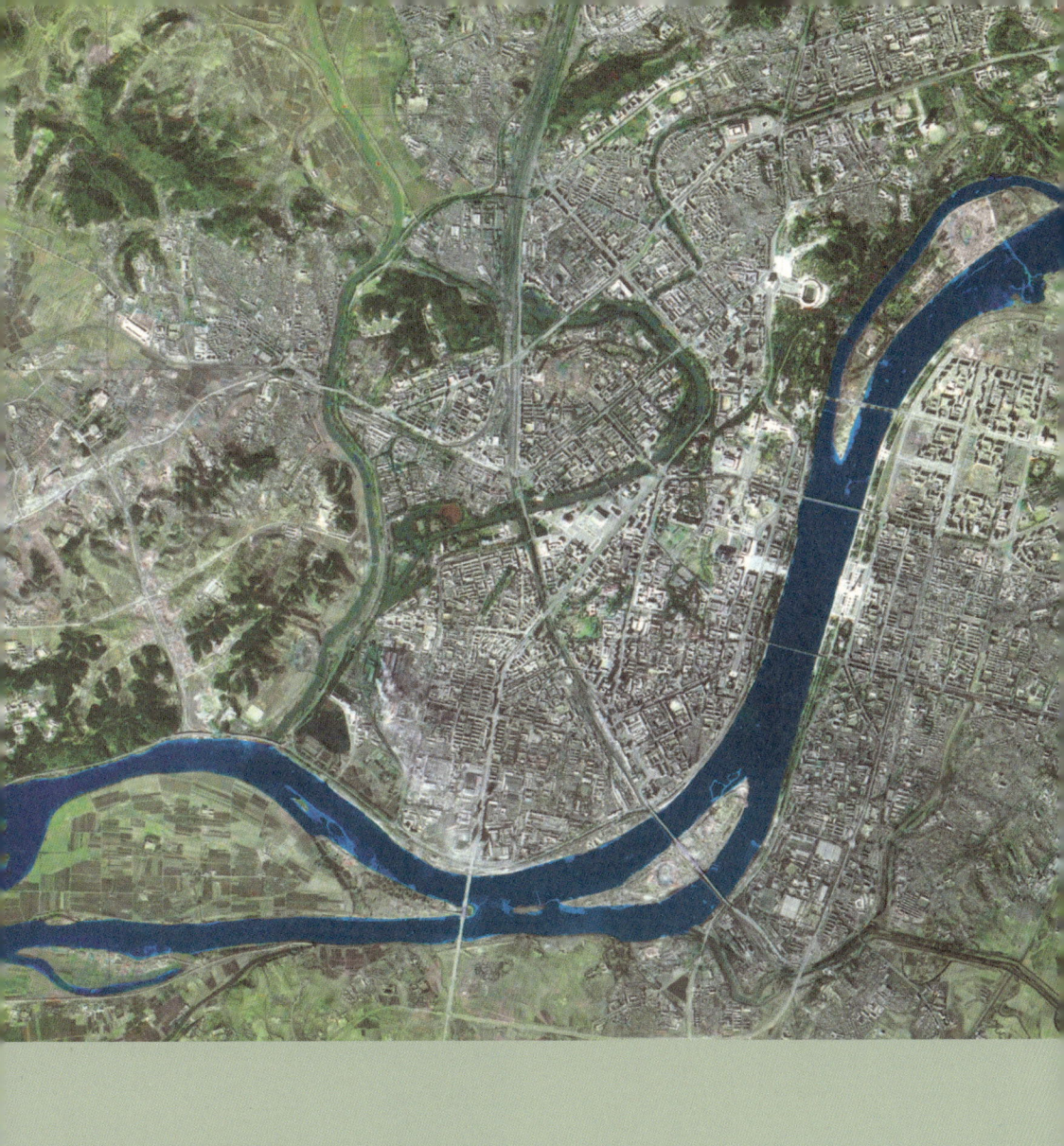

❹ 정당의 목적이나 활동이 민주적 기본질서에 위배될 때에는 정부는 헌법재판소에 그 해산을 제소할 수 있고, 정당은 헌법재판소의 심판에 의하여 해산된다.

제9조　국가는 전통문화의 계승·발전과 민족문화의 창달에 노력하여야 한다.

The Korea Cons

대한민국헌법
大韓民國憲

제2장

국민의
권리와 의무

제2장 국민의 권리와 의무
大韓民國憲法

제10조 모든 국민은 인간으로서의 존엄과 가치를 가지며, 행복을 추구할 권리를 가진다. 국가는 개인이 가지는 불가침의 기본적 인권을 확인하고 이를 보장할 의무를 진다.

제11조 ❶ 모든 국민은 법 앞에 평등하다. 누구든지 성별·종교 또는 사회적 신분에 의하여 정치적·경제적·사회적·문화적 생활의 모든 영역에 있어서 차별을 받지 아니한다.
❷ 사회적 특수계급의 제도는 인정되지 아니하며, 어떠한 형태로도 이를 창설할 수 없다.

인간(人間) 사람, 인류.
존엄(尊嚴) 범할 수 없게 높고 엄숙함.
가치(價値) 어떤 사물이나 일이 지니고 있는 의의나 중요성.
행복을 추구할 권리[幸福追求權] 인간으로서 행복하게 살아가기 위한 여러 조건을 실현하고, 국가에 적극적으로 요구할 수 있는 권리.
불가침(不可侵) 침범해서는 안 됨 혹은 침범할 수 없음.
인권(人權) 사람으로서 마땅히 누려야 할 기본적 권리. 인간은 누구나 태어나면서부터 생명·자유·평등 따위의 자연적 권리를 갖고 있다.

평등(平等) 권리·의무·자격 따위가 모든 사람에게 차별 없이 고르고 한결같음.
성별(性別) 남녀 또는 암수의 구별.
신분(身分) 1. 개인의 사회적 지위. 2. 사람의 법률상의 지위나 자격.
차별(差別) 차이를 두어서 구별함.
특수계급(特殊階級) 다른 사람들과 다르거나 높은 대우를 받는 계급.
제도(制度) 사회 생활에 필요한 언어, 도덕, 법률 따위의 복합적인 규범의 체계.
창설(創設)하다 처음으로 설치하거나 세우다.

❸ 훈장 등의 영전은 이를 받은 자에게만 효력이 있고, 어떠한 특권도 이에 따르지 아니한다.

제12조 ❶ 모든 국민은 신체의 자유를 가진다. 누구든지 법률에 의하지 아니하고는 체포·구속·압수·수색 또는 심문을 받지 아니하며, 법률과 적법한 절차에 의하지 아니하고는 처벌·보안처분 또는 강제노역을 받지 아니한다.
❷ 모든 국민은 고문을 받지 아니하며, 형사상 자기에게 불리한 진술을 강요당하지 아니한다.

훈장(勳章) 나라에 공을 세운 사람에게 내리는 휘장.
특권(特權) 어떤 사람 또는 어떤 신분이나 계급에 속하는 사람만이 특별히 가지는 우월한 지위나 권리.
신체(身體) 사람의 몸.
체포(逮捕) 검사·경찰·기타 사법기관 따위가 피의자를 연행, 유치하는 강제 수단.
구속(拘束) 피의자나 피고인을 법관이 발부하는 영장에 따라 일정한 장소에 가두어 신체의 자유를 주지 않는 강제 처분.
압수(押收) 법원 혹은 국가기관이 증거물 또는 몰수해야 할 물건이라고 인정되는 것을 현재 소유하고 있는 사람으로부터 빼앗는 강제적인 법 집행.
수색(搜索) 1. 구석구석 더듬어 찾음. 2. 압수해야 할 물건 또는 체포·구인·구류해야 할 범인을 찾기 위해 신체·주택 따위를 강제로 뒤지는 법 집행.
심문(審問) 자세히 따져 물음.
적법(適法)한 법규나 법률의 규정에 맞는.

절차(節次) 일을 하는 데 따라야 할 차례와 방법.
처벌(處罰) 벌을 줌. 형벌에 처함.
보안처분(保安處分) 범인이 다시 범행을 저지를 위험을 막기 위하여 형벌 대신 교육이나 보호 따위를 하는 처분. 보호관찰 처분·주거제한 처분·보안감호 처분 등의 3종류가 있음.
강제노역(强制勞役) 강제로 부과한 [힘든] 육체노동.
고문(拷問) 죄를 진 혐의가 있는 사람에게 자백을 강요하기 위하여 육체적 고통을 주면서 심문함 또는 그러한 일.
형사(刑事) 형법의 적용을 받는 사건.
불리(不利)하다 이롭지 못하다.
진술(陳述) 1. 자세하게 말함. 2. 소송 당사자나 관계인이 법원에 대하여 사건에 관한 사실이나 법률상의 의견을 서면 또는 구술로 말함, 또는 그 내용.
강요(强要) 강제로 요구함.

③ 체포·구속·압수 또는 수색을 할 때에는 적법한 절차에 따라 검사의 신청에 의하여 법관이 발부한 영장을 제시하여야 한다. 다만, 현행범인인 경우와 장기 3년 이상의 형에 해당하는 죄를 범하고 도피 또는 증거인멸의 염려가 있을 때에는 사후에 영장을 청구할 수 있다.

④ 누구든지 체포 또는 구속을 당한 때에는 즉시 변호인의 조력을 받을 권리를 가진다. 다만, 형사피고인이 스스로 변호인을 구할 수 없을 때에는 법률이 정하는 바에 의하여 국가가 변호인을 붙인다.

⑤ 누구든지 체포 또는 구속의 이유와 변호인의 조력을 받을 권리가 있음을 고지받지 아니하고는 체포 또는 구속을 당하지 아니한다. 체포 또는 구속을 당한 자의 가족 등 법률이 정하는 자에게는 그 이유와 일시·장소가 지체없이 통지되어야 한다.

검사(檢事) 범죄의 수사, 공소의 제기, 공판 절차의 추구, 형 집행의 감독 같은 일을 하는 사법 행정관.
신청(申請) (관계 기관이나 관계 부서에) 어떤 일을 해주거나 어떤 물건을 내어 달라고 요청하는 일 또는 요청하기 위해 의사 표시를 하는 일.
법관(法官) 사법권을 행사하여 재판을 맡아보는 공무원. 판사.
발부(發付)하다 증서나 영장 따위를 발행하다.
영장(令狀) (법원 또는) 법관이 발행하는 사람이나 물건에 대한 강제처분 명령서.(소환장·구속 영장·압수 수색 영장 따위)
현행범인(現行犯人) 범죄를 실행 중이거나 실행 직후에 발각된 범인.
도피(逃避) 도망하여 몸을 피함.

증거인멸(證據湮滅) 형사사건 또는 징계사건의 증거가 되는 자료를 (흔적도 없이 모조리) 없앰.
염려(念慮) 마음을 놓지 못하고 걱정함.
사후(事後) 일이 끝난 뒤.
형사피고인(刑事被告人) 범죄의 혐의를 받아 검사로부터 기소되었지만 재판을 통해 아직 형(刑) 확정을 받지 않은 사람.
변호인(辯護人) 형사 피고인의 변호를 위하여 선임한 사람.
조력(助力) 힘써 도와 줌.
고지(告知) 어떠한 사실을 관계자에게 알림. 통지함.
지체(遲滯) 때를 늦추어 질질 끎. 정당한 이유 없이 의무 이행을 늦춤.
통지(通知) 기별하여 알림.

⑥ 누구든지 체포 또는 구속을 당한 때에는 적부의 심사를 법원에 청구할 권리를 가진다.

⑦ 피고인의 자백이 고문·폭행·협박·구속의 부당한 장기화 또는 기망 기타의 방법에 의하여 자의로 진술된 것이 아니라고 인정될 때 또는 정식재판에 있어서 피고인의 자백이 그에게 불리한 유일한 증거일 때에는 이를 유죄의 증거로 삼거나 이를 이유로 처벌할 수 없다.

적부심사(適否審査) 피의자의 구속이 적법한가 그렇지 않은가를 법원에서 심사하는 일. 구속적부심사.
자백(自白) 1. 저지른 일 또는 비밀을 털어 놓음. 2. 형사소송법에서, 자기의 범죄 사실을 인정하는 일.
기망(欺罔) 남을 (우롱하고) 속임.

자의(自意) 자신의 생각이나 뜻.
정식재판(正式裁判) 약식 명령이나 즉결 심판에 불복하여, 법정 기간 안에 관할 법원에 대하여 청구하는 재판.
증거(證據) 1. 어떤 사실을 증명할 수 있는 근거 2. 법원이 법률 적용의 대상이 되는 사실의 유무를 확정하는 재료.

제13조 ❶ 모든 국민은 행위시의 법률에 의하여 범죄를 구성하지 아니하는 행위로 소추되지 아니하며, 동일한 범죄에 대하여 거듭 처벌받지 아니한다.
❷ 모든 국민은 소급입법에 의하여 참정권의 제한을 받거나 재산권을 박탈당하지 아니한다.
❸ 모든 국민은 자기의 행위가 아닌 친족의 행위로 인하여 불이익한 처우를 받지 아니한다.

제14조 모든 국민은 거주·이전의 자유를 가진다.

제15조 모든 국민은 직업선택의 자유를 가진다.

범죄(犯罪) 1. 죄를 지음 혹은 지은 죄. 2. 법률에 따라 형벌을 받아야 할 위법 행위.
소추(訴追) 검사가 특정한 사건에 관하여 공소를 제기하고 유지하는 일.
동일(同一)한 다른 데가 없이 똑같음.
소급입법(遡及立法) 과거에까지 거슬러 올라가서 지나간 행위에 효력을 미치는 법률을 제정함. 소급입법은 법적 안정성과 예측 가능성을 해치기 때문에 법치국가에서는 철저히 배제함.
참정권(參政權) 국민이 정치에 직접 혹은 간접으로 참여할 수 있는 권리. 선거권, 피선거권 및 공무원이 될 수 있는 권리 따위가 있음.
재산권(財産權) 경제적 이익을 목적으로 하는 법적인 권리. 물권·채권·무체 재산권 따위가 있음.
친족(親族) 촌수가 가까운 겨레붙이. 민법에서 8촌 이내의 혈족(血族), 4촌 이내의 인척(姻戚) 및 배우자를 말함.
처우(處遇) (사람을 평가해서) 거기에 맞추어 대우함, 또는 그 대우.
거주(居住)·이전(移轉) 살 곳을 정하거나 옮김.
직업(職業) 생계 유지를 목적으로 자기의 적성과 능력에 따라 지속적으로 한 가지 일에 종사하는 사회 활동.

제16조 모든 국민은 주거의 자유를 침해받지 아니한다. 주거에 대한 압수나 수색을 할 때에는 검사의 신청에 의하여 법관이 발부한 영장을 제시하여야 한다.

제17조 모든 국민은 사생활의 비밀과 자유를 침해받지 아니한다.

제18조 모든 국민은 통신의 비밀을 침해받지 아니한다.

제19조 모든 국민은 양심의 자유를 가진다.

제20조 ❶ 모든 국민은 종교의 자유를 가진다.
　　　　❷ 국교는 인정되지 아니하며, 종교와 정치는 분리된다.

주거(住居) 사람이 자리잡고 살기 위한 일체의 설비.
사생활(私生活) 개인의 사사로운 생활.
비밀(秘密) 숨기어 남에게 공개하지 않은 일.
침해(侵害) 침범하여 해를 끼치는 것.
통신(通信) 편지 · 전신 · 전화 · 소포 기타의 모든 우편물을 이용해 정보나 의사를 전달하는 일.
양심(良心) 자기의 행위에 대하여 옳고 그름을 판단하고, 바른 말과 행동을 하려는 마음.

종교(宗敎) 신이나 초인간적 존재를 인도자로 섬기고 일정한 의식에 따라 예배하며, 그 믿음을 통해 인간 생활의 고뇌를 해결하고 삶의 궁극적 의미를 추구하는 일. 또는, 그러한 믿음의 체계나 가르침.
국교(國敎) 국가가 지정하여 전 국민이 믿도록 하는 종교.
분리(分離) 따로 나뉘어 떨어짐 혹은 나누어 따로 떼어냄.

제21조 ① 모든 국민은 언론·출판의 자유와 집회·결사의 자유를 가진다.
② 언론·출판에 대한 허가나 검열과 집회·결사에 대한 허가는 인정되지 아니한다.
③ 통신·방송의 시설기준과 신문의 기능을 보장하기 위하여 필요한 사항은 법률로 정한다.
④ 언론·출판은 타인의 명예나 권리 또는 공중도덕이나 사회윤리를 침해하여서는 아니된다. 언론·출판이 타인의 명예나 권리를 침해한 때에는 피해자는 이에 대한 피해의 배상을 청구할 수 있다.

제22조 ① 모든 국민은 학문과 예술의 자유를 가진다.
② 저작자·발명가·과학기술자와 예술가의 권리는 법률로써 보호한다.

언론(言論) 1. 개인이 타인에게 어떤 문제에 대해 말이나 글, 전파 같은 것을 통해 자신의 생각을 표현하고 발표하는 일. 2. 신문, 라디오, 텔레비전, 통신, 잡지 따위를 통해 뉴스나 어떤 사실을 밝혀 알리거나 어떤 문제에 대한 여론을 형성하는 활동.
출판(出版) 글, 사진, 그림 같은 내용을 편집하고 인쇄하여 책으로 만들어 세상에 펴내는 것.
집회(集會) 많은 사람이 공동의 목적을 위하여 일시적으로 모이는 일.
결사(結社) 공통의 목적을 이루기 위해 계속적인 결합관계를 맺음. 또는 그 조직.
허가(許可) 법령으로 제한·금지하는 일을 특정한 경우에 허락해 주는 행정 행위.
검열(檢閱) 출판물·영화·우편물 따위의 내용을 미리 심사하여 그 발표를 통제하는 일.
명예(名譽) 세상에서 훌륭하다 일컬어지는 이름이나 자랑. 또는 그런 존엄이나 품위.
공중도덕(公衆道德) 여러 사람의 이익을 위하여 서로 지켜야 할 예의나 올바른 행동 규범.
사회윤리(社會倫理) 인간의 사회적·협동적 생활에서 지켜야 할 도덕적 규범을 총칭한 말.
배상(賠償) 남에게 입힌 손해를 갚아줌.
학문(學問) 지식을 체계적으로 배워서 익히는 일. 또는, 사물을 탐구하여 이론적으로 체계화된 지식을 세우는 일.
예술(藝術) 어떤 내용·재료와 형식·기교 따위로 미(美)를 창조하고 표현하는 인간의 활동. 또는 그 작품.

제23조 ❶ 모든 국민의 재산권은 보장된다. 그 내용과 한계는 법률로 정한다.
❷ 재산권의 행사는 공공복리에 적합하도록 하여야 한다.
❸ 공공필요에 의한 재산권의 수용·사용 또는 제한 및 그에 대한 보상은 법률로써 하되, 정당한 보상을 지급하여야 한다.

제24조 모든 국민은 법률이 정하는 바에 의하여 선거권을 가진다.

제25조 모든 국민은 법률이 정하는 바에 의하여 공무담임권을 가진다.

저작자(著作者) 1. 책을 지은 사람. 지은이. 2. (저작권법에 따른) 저작물을 작성한 사람.
내용(內容) 말이나 글로 표현되는 대상이 담고 있는, 말하거나 전하고자 하는 줄거리나 중심이 되는 의미.
한계(限界) 정해진 범위.
공공복리(公共福利) 사회구성원 모두에게 공통되는 복지.
적합(適合)하다 꼭 알맞다.
공공필요(公共必要) 사회구성원 전체를 위해서 꼭 있어야 하거나 갖추어져야 하는 것.
수용(收用) 공익을 위해 국가의 명령으로 특정물의 권리나 소유권을 강제 징수하여 국가나 제삼자의 소유로 옮기는 처분.

제한(制限) 1. 한계나 범위를 정함 혹은 그 정해진 한계와 범위. 2. 일정한 한계나 범위를 넘지 못하게 함.
선거권(選擧權) 선거에 참여하여 투표할 수 있는 권리.
공무담임권(公務擔任權) 기본 참정권의 하나로 국민이 행정부를 비롯한 입법부·사법부·지방자치단체와 기타 일체 공공단체의 직무를 맡을 수 있는 권리.

제26조 ① 모든 국민은 법률이 정하는 바에 의하여 국가기관에 문서로 청원할 권리를 가진다.
② 국가는 청원에 대하여 심사할 의무를 진다.

제27조 ① 모든 국민은 헌법과 법률이 정한 법관에 의하여 법률에 의한 재판을 받을 권리를 가진다.
② 군인 또는 군무원이 아닌 국민은 대한민국의 영역 안에서는 중대한 군사상 기밀·초병·초소·유독음식물 공급·포로·군용물에 관한 죄 중 법률이 정한 경우와 비상계엄이 선포된 경우를 제외하고는 군사법원의 재판을 받지 아니한다.

청원(請願) 국민이 법률이 정한 절차에 따라 손해의 구제, 공무원의 파면, 법률·명령·규칙의 제정이나 개폐, 그 밖의 일을 국회·관공서·지방자치단체의 의회에 청구하는 일.
심사(審査) 자세히 조사하여 가려내거나 어떤 것을 결정함.
재판(裁判) 소송 사건에 대하여 법관이 관련 법률에 따라 시비를 가리는 일.
군무원(軍務員) 군인이 아니면서 군대의 업무를 담당하는 공무원.
기밀(機密) 대단히 중요한 비밀. 특히, 함부로 드러내서는 안 될, 국가 기관이나 기타 조직체의 중요한 비밀.
초병(哨兵) 파수를 보는 병사. 보초병.
초소(哨所) 보초를 서는 곳.
유독음식물(有毒飲食物) 독성이 있는 물질에 오염된 먹거리.
포로(捕虜) 전투에서 적에게 사로잡힌 병사.
군용물(軍用物) 군사적 목적으로 쓰이는 물자.
비상계엄(非常戒嚴) 전쟁 또는 전쟁에 준하는 사변으로 사회 질서가 극도로 교란된 지역에 선포하는 계엄.
제외(除外)하다 어떤 범위 밖에 두고 한데 합쳐 셈하지 않다. 따로 빼어 내다.

❸ 모든 국민은 신속한 재판을 받을 권리를 가진다. 형사피고인은 상당한 이유가 없는 한 지체없이 공개재판을 받을 권리를 가진다.

❹ 형사피고인은 유죄의 판결이 확정될 때까지는 무죄로 추정된다.

❺ 형사피해자는 법률이 정하는 바에 의하여 당해 사건의 재판절차에서 진술할 수 있다.

제28조 형사피의자 또는 형사피고인으로서 구금되었던 자가 법률이 정하는 불기소처분을 받거나 무죄판결을 받은 때에는 법률이 정하는 바에 의하여 국가에 정당한 보상을 청구할 수 있다.

공개 재판(公開裁判) 재판의 공정성을 기하기 위하여 일반인의 방청을 허용하는 재판.
추정(推定) 추측하여 판정함. 어떤 법률관계 또는 사실이 명료하지 않을 경우, 그 반대의 증거가 제시될 때까지 진실한 것으로 인정하여 법적 효과를 발생시키는 일.
당해(當該) 명사 앞에 쓰여 꼭 그 사물에 관련됨을 표시하는 말.
구금(拘禁) 피고인 또는 피의자를 구치소나 교도소 등에 가두어 신체의 자유를 구속하는 일.
형사피의자(刑事被疑者) 형사사건에서 범죄의 혐의는 받고 있으나, 아직 공소 제기가 되지 않은 사람.

불기소처분(不起訴處分) 죄가 되지 않을 때, 범죄의 증명이 없을 때, 또는 공소의 요건을 갖추지 못했을 때에 검사가 공소를 제기하지 않고 혐의자를 풀어주는 조치. 그러나 불기소처분은 확정력이 없으므로 한번 불기소처분을 내린 사건이더라도 언제든 수사를 다시 할 수 있고, 공소를 제기할 수도 있다.
보상(補償) 남의 손해를 메워 갚아줌. 국가 따위가 적법한 행위에 의하여 가해진 재산상의 손실을 보전(補塡)하고자 대신 물어 주는 것.

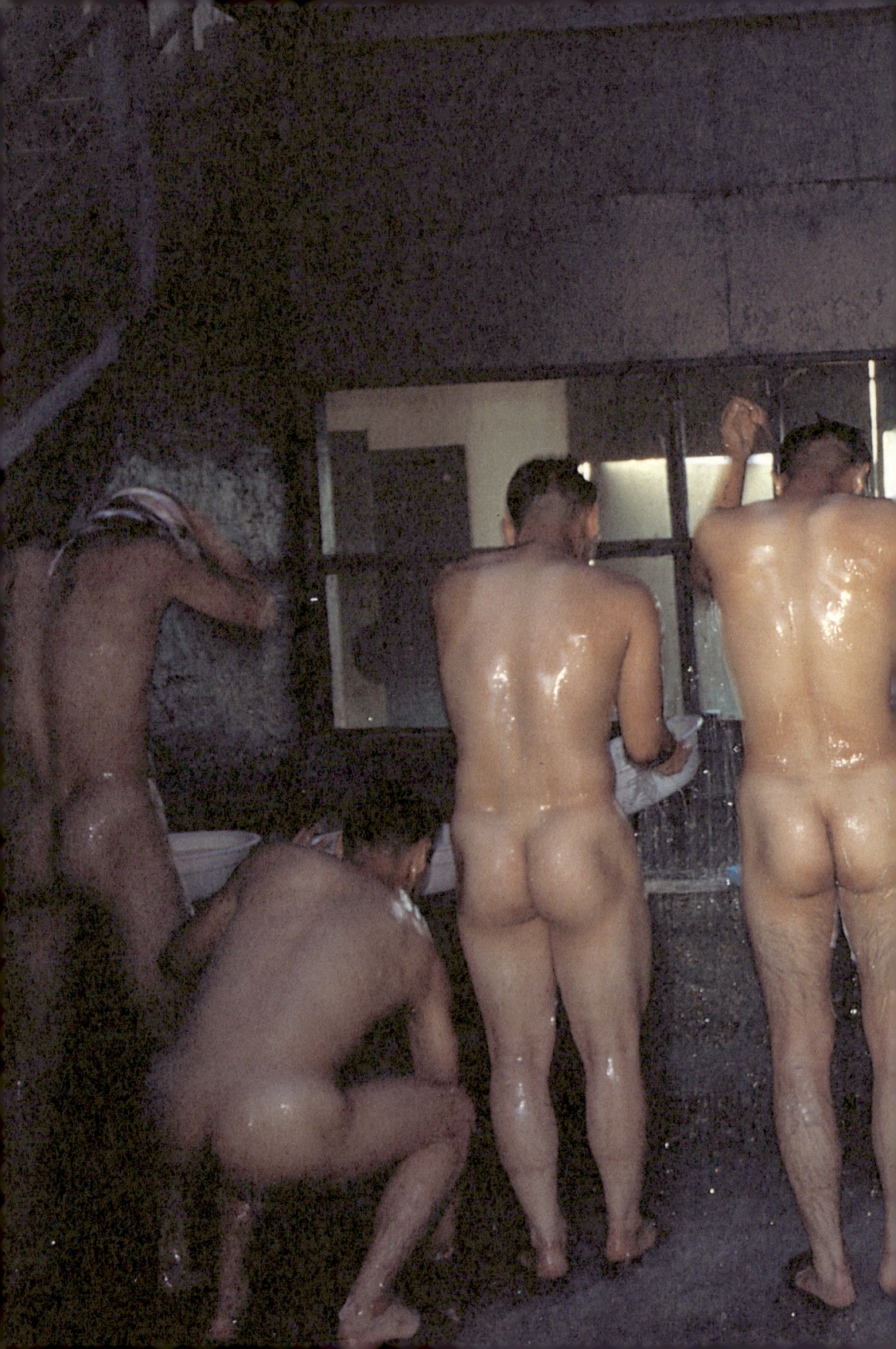

제29조 ① 공무원의 직무상 불법행위로 손해를 받은 국민은 법률이 정하는 바에 의하여 국가 또는 공공단체에 정당한 배상을 청구할 수 있다. 이 경우 공무원 자신의 책임은 면제되지 아니한다.
② 군인·군무원·경찰공무원 기타 법률이 정하는 자가 전투·훈련 등 직무집행과 관련하여 받은 손해에 대하여는 법률이 정하는 보상 외에 국가 또는 공공단체에 공무원의 직무상 불법행위로 인한 배상은 청구할 수 없다.

제30조 타인의 범죄행위로 인하여 생명·신체에 대한 피해를 받은 국민은 법률이 정하는 바에 의하여 국가로부터 구조를 받을 수 있다.

직무(職務) 직업상의 임무.
손해(損害) (금전이나 물질 면에서) 본래 가진 것보다 밑지거나 해가 됨
정당(正當)하다 바르고 마땅하다. 이치에 맞다.
공공단체(公共團體) 국가로부터 그 존립의 목적이 주어진 법인(法人). 지방자치단체·공공 조합·영조물 법인의 세 가지가 있음.
면제(免除) 책임이나 의무를 지우지 아니함.

구조(救助) 곤경에 빠진 사람을 구하여 줌.
보호(保護) (위험으로부터) 약한 것을 돌보아 지킴.

제31조　❶ 모든 국민은 능력에 따라 균등하게 교육을 받을 권리를 가진다.
❷ 모든 국민은 그 보호하는 자녀에게 적어도 초등교육과 법률이 정하는 교육을 받게 할 의무를 진다.
❸ 의무교육은 무상으로 한다.
❹ 교육의 자주성·전문성·정치적 중립성 및 대학의 자율성은 법률이 정하는 바에 의하여 보장된다.
❺ 국가는 평생교육을 진흥하여야 한다.
❻ 학교교육 및 평생교육을 포함한 교육제도와 그 운영, 교육재정 및 교원의 지위에 관한 기본적인 사항은 법률로 정한다.

적어도 1. 줄잡아 어림하여도. 최소한도로 잡아도. 2. 아무리 양보하여 생각해도. 3. 다른 것은 그만두고라도.
초등교육(初等敎育) 초보적이고 기본적인 보통 교육을 내용으로 하는 초등학교 교육.
무상(無償) 값을 치르지 않아도 되는 일.
자주(自主) 남의 보호나 간섭을 받지 않고 스스로 자기 일을 처리하는 것.
전문(專門) 오로지 한 가지 일을 그에 대한 지식이나 기술을 가지고 하는 것.
자율(自律) 남으로부터 지배나 구속을 받지 않고, 자기의 행동을 자기가 세운 규율에 따라서 바르게 절제하는 일.

평생교육(平生敎育) 1. 유년에서부터 노년에 이르기까지 평생 동안 받아야 할 대상으로서의 교육. 2. 인간의 교육은 가정교육·학교교육·사회교육의 통합으로서, 전 생애에 걸친 교육으로 이루어져야 한다는 교육관. 또는, 그러한 교육관에 따라 이루어지는 교육.
교원(敎員) 각급 학교에서 학생을 직접 지도·교육하는 사람.
진흥(振興) 활발하거나 힘찬 상태가 되도록 일으키는 것.

제32조 ① 모든 국민은 근로의 권리를 가진다. 국가는 사회적·경제적 방법으로 근로자의 고용의 증진과 적정임금의 보장에 노력하여야 하며, 법률이 정하는 바에 의하여 최저 임금제를 시행하여야 한다.

② 모든 국민은 근로의 의무를 진다. 국가는 근로의 의무의 내용과 조건을 민주주의 원칙에 따라 법률로 정한다.

③ 근로조건의 기준은 인간의 존엄성을 보장하도록 법률로 정한다.

④ 여자의 근로는 특별한 보호를 받으며, 고용·임금 및 근로조건에 있어서 부당한 차별을 받지 아니한다.

⑤ 연소자의 근로는 특별한 보호를 받는다.

⑥ 국가유공자·상이군경 및 전몰군경의 유가족은 법률이 정하는 바에 의하여 우선적으로 근로의 기회를 부여받는다.

근로(勤勞) 1. [노동(勞動)과 같은 말] 사람이 생활에 필요한 물자를 얻고 삶의 가치를 실현하기 위해 정신적·육체적 활동을 행하는 것. 2. 부지런히 일하는 것.
고용(雇傭) 당사자의 한쪽이 상대방에게 노무를 제공하고, 상대방은 이에 대한 보수를 지불하는 노동 계약.
근로자(勤勞者) 노동력을 제공하고 얻은 임금으로 생활을 유지하는 사람.
최저임금제(最低賃金制) 국가가 법으로 임금의 최저액을 정하여 노동자의 기본적인 생활을 보장해 주는 제도.
증진(增進) 점점 더하여 가게 하거나 나아가게 함.

임금(賃金) 근로자가 노동하여 받는 보수.
적정(適正) 알맞고 바름.
연소자(年少者) 나이가 어린 사람.
국가유공자(國家有功者) 나라를 위하여 공헌하거나 희생한 사람.
상이군경(傷痍軍警) 전투나 공무 집행 과정에서 부상한 군인과 경찰.
전몰군경(戰歿軍警) 전투나 공무 집행 과정에서 사망한 군인과 경찰.
유가족(遺家族) 죽은 사람의 뒤에 남은 가족. 유족(遺族).

제33조 ① 근로자는 근로조건의 향상을 위하여 자주적인 단결권·단체교섭권 및 단체행동권을 가진다.
② 공무원인 근로자는 법률이 정하는 자에 한하여 단결권·단체교섭권 및 단체행동권을 가진다.
③ 법률이 정하는 주요 방위산업체에 종사하는 근로자의 단체행동권은 법률이 정하는 바에 의하여 이를 제한하거나 인정하지 아니할 수 있다.

제34조 ① 모든 국민은 인간다운 생활을 할 권리를 가진다.
② 국가는 사회보장·사회복지의 증진에 노력할 의무를 진다.
③ 국가는 여자의 복지와 권익의 향상을 위하여 노력하여야 한다.
④ 국가는 노인과 청소년의 복지향상을 위한 정책을 실시할 의무를 진다.

근로조건(勤勞條件) 노동자가 사용자에게 고용되어 노동을 제공하는 데 따르는 일터에서의 모든 대우와 조건. 임금·노동 시간·휴게 시간·휴일·유급 휴가·작업환경 따위.
단결권(團結權) 노동자가 노동 조건의 유지·개선, 기타 경제적 지위의 향상을 도모하고 사용자와 대등한 입장에 서기 위해 노동조합 같은 단체를 결성하여 이에 가입할 수 있는 권리.
단체교섭권(團體交涉權) 노동조합의 대표자가 사용자 또는 그 단체의 대표자와 노동 조건의 유지·개선에 관하여 직접 교섭할 수 있는 권리.
단체행동권(團體行動權) 노동자가 노동조건의 유지·개선을 위하여 사용자에 대항하여 집단적인 쟁의행위를 할 수 있는 권리.
방위산업체(防衛産業體) 무기 따위의 군수품을 생산하는 모든 산업체.
사회보장(社會保障) 국민의 생존권을 지킬 것을 목적으로 하는 보장. 주로 사회 보험 제도로써 질병·상해(傷害)·실업·노령(老齡)·출산·사망 같은 생활의 여러 문제를 해결하고 최소한의 문화생활을 보장하기 위한 제도.
사회복지(社會福祉) 국민의 생활 안정과 복리 향상을 추구하는 광범한 사회적 시책의 총체.
권익(權益) 권리와 그에 따른 이익.

❺ 신체장애자 및 질병·노령, 기타의 사유로 생활능력이 없는 국민은 법률이 정하는 바에 의하여 국가의 보호를 받는다.

❻ 국가는 재해를 예방하고 그 위험으로부터 국민을 보호하기 위하여 노력하여야 한다.

제35조 ❶ 모든 국민은 건강하고 쾌적한 환경에서 생활할 권리를 가지며, 국가와 국민은 환경보전을 위하여 노력하여야 한다.

❷ 환경권의 내용과 행사에 관하여는 법률로 정한다.

❸ 국가는 주택개발정책 등을 통하여 모든 국민이 쾌적한 주거생활을 할 수 있도록 노력하여야 한다.

재해(災害) 지진·태풍·홍수·해일·가뭄·대화재·전염병 따위로 말미암은 불시의 재난. 또는, 그로 인한 피해.

환경권(環境權) 국민의 기본권의 하나로 쾌적한 환경에서 건강하고 인간답게 살아갈 권리를 말함. 1972년 체결된 UN인간환경선언에는 "인간환경의 보호와 개선은 인간의 복지와 경제 발전에 미치는 주요 문제로, 이는 전세계 인간의 절박한 염원이고 모든 정부의 책임"이라고 명시되어 있음.

행사(行使) (권리나 힘 따위를) 부려서 사용함.

제36조 ① 혼인과 가족생활은 개인의 존엄과 양성의 평등을 기초로 성립되고 유지되어야 하며, 국가는 이를 보장한다.
② 국가는 모성의 보호를 위하여 노력하여야 한다.
③ 모든 국민은 보건에 관하여 국가의 보호를 받는다.

제37조 ① 국민의 자유와 권리는 헌법에 열거되지 아니한 이유로 경시되지 아니한다.
② 국민의 모든 자유와 권리는 국가안전보장·질서유지 또는 공공복리를 위하여 필요한 경우에 한하여 법률로써 제한할 수 있으며, 제한하는 경우에도 자유와 권리의 본질적인 내용을 침해할 수 없다.

혼인(婚姻) 결혼.
양성(兩性)의 평등 남성과 여성의 평등.
모성(母性) 여성이 어머니로서 지니는 본능이나 성질.
보건(保健) 건강을 지키고 유지하는 일.
열거(列擧) 하나씩 들어 말함.

경시(輕視) 가볍게 봄. 중요하게 여기지 않음.
본질적(本質的)인 어떤 사물이나 사람이 본래부터 가지고 있는, 혹은 가장 중요한 근본적인 성질이나 요소 그대로.

제38조   모든 국민은 법률이 정하는 바에 의하여 납세의 의무를 진다.

제39조   ❶ 모든 국민은 법률이 정하는 바에 의하여 국방의 의무를 진다.
❷ 누구든지 병역의무의 이행으로 인하여 불이익한 처우를 받지 아니한다.

납세(納稅)의 의무 국가 또는 공공단체의 유지에 필요한 경비를 충당하기 위하여 국민이 조세를 납부하는 의무.
국방(國防)의 의무 국가방위와 독립의 유지를 위하여 국민이 지는 병역의 의무.
병역(兵役)의무 국민의 의무로서 일정한 기간 군에 복무하는 일.

이행(履行) 1. 실제로 함. 말과 같이 함. 2. 법적 의무의 실행.

TheKoreaCons

대한민국헌법
大韓民國憲法

itution

제3장

국회

제3장 국회

제40조 입법권은 국회에 속한다.

제41조 ❶ 국회는 국민의 보통·평등·직접·비밀선거에 의하여 선출된 국회의원으로 구성한다.
❷ 국회의원의 수는 법률로 정하되, 200인 이상으로 한다.
❸ 국회의원의 선거구와 비례대표제 기타 선거에 관한 사항은 법률로 정한다.

제42조 국회의원의 임기는 4년으로 한다.

입법권(立法權) 법률을 제정하는 국회의 고유한 권한.
국회(國會) 국민이 선출한 의원(議員)으로 구성되는 합의체의 입법기관. 나라에 따라 단원제 또는 양원제로 구성함. 우리나라는 단원제.
보통·평등·직접·비밀선거 보통선거는 자격요건에 대한 제한 없이 일정한 연령에 달한 모든 국민에게 선거권을 인정하는 것을 말함. 평등선거는 모든 유권자에게 동등한 1인 1표권을 인정하는 것을 말함. 직접선거는 간접선거에 대응하는 말로 유권자가 직접 피선거권자를 선출하는 것을 의미함. 비밀선거는 선거의 공정성과 자유로운 선거 분위기를 위하여 유권자의 투표내용을 공개하지 않는 것을 뜻함.

선거구(選擧區) 의원을 선출하는 단위로서, 전국을 지역적으로 구분한 구역.
비례대표제(比例代表制) 정당의 총득표수에 비례하여 의석을 부여하는 선거제도.
임기(任期) 임무를 맡아보는 일정한 기간.

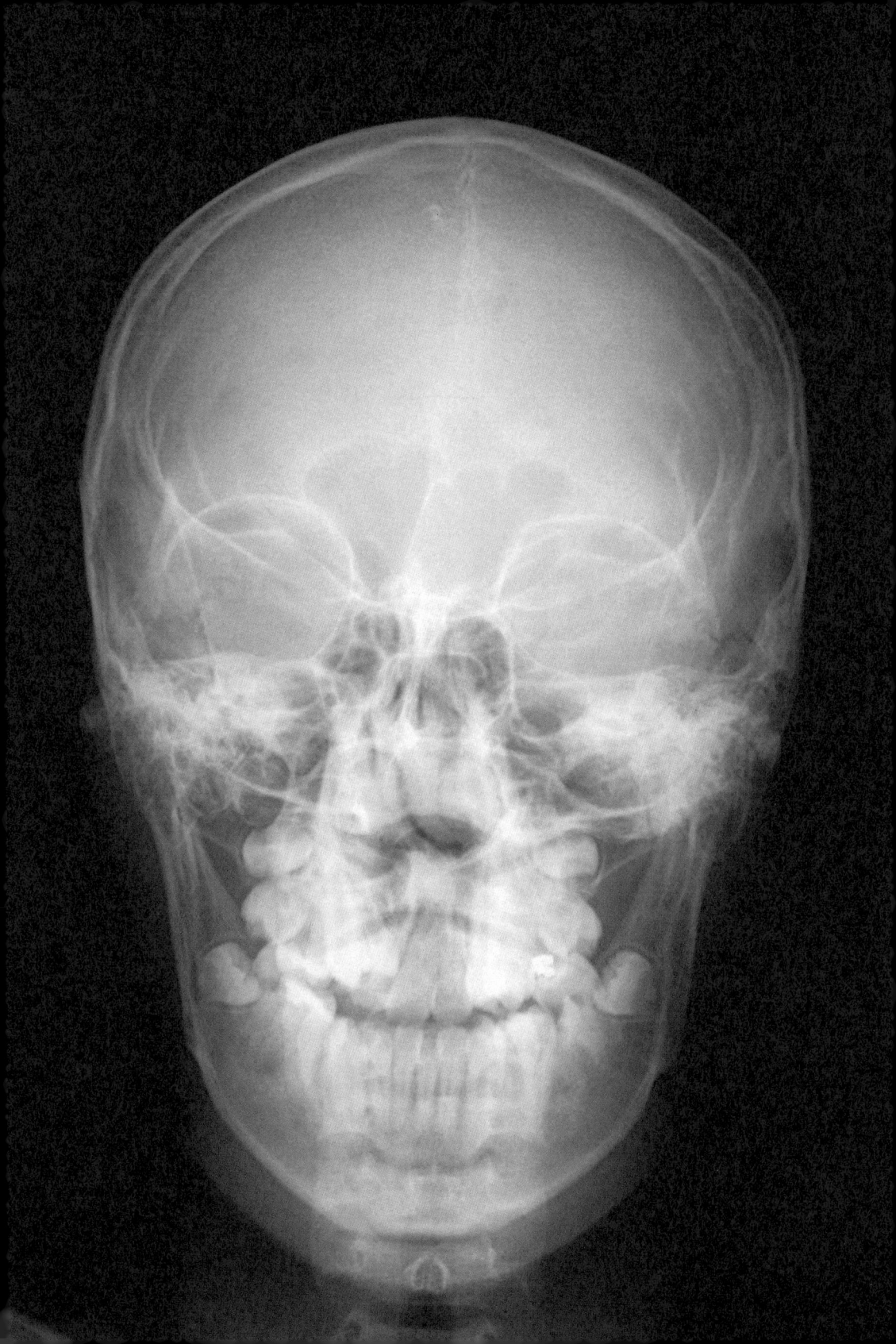

제3장 국회

제43조 국회의원은 법률이 정하는 직을 겸할 수 없다.

제44조 ❶ 국회의원은 현행범인인 경우를 제외하고는 회기 중 국회의 동의 없이 체포 또는 구금되지 아니한다.
❷ 국회의원이 회기 전에 체포 또는 구금된 때에는 현행범인이 아닌 한 국회의 요구가 있으면 회기 중 석방된다.

제45조 국회의원은 국회에서 직무상 행한 발언과 표결에 관하여 국회 외에서 책임을 지지 아니한다.

회기(會期) 국회가 열리고 있는 기간.
석방(釋放) 구속되어 있거나 형을 살고 있는 사람을 법률에 따라 풀어 자유롭게 하는 것.
발언(發言) 말을 꺼내어 의견을 나타내는 것. 또는, 그 말.

표결(表決) 의안에 대하여 가부(可否)의 의사를 표시하여 결정하는 일.
국회 외(外)에서 국회 바깥에서.

제46조　① 국회의원은 청렴의 의무가 있다.
　　　　② 국회의원은 국가이익을 우선하여 양심에 따라 직무를 행한다.
　　　　③ 국회의원은 그 지위를 남용하여 국가·공공단체 또는 기업체와의 계약이나 그 처분에 의하여 재산상의 권리·이익 또는 직위를 취득하거나 타인을 위하여 그 취득을 알선할 수 없다.

청렴(淸廉) 마음과 행실이 깨끗하고 탐욕이 없음.
우선(優先) 어떤 일이나 대상을 특별히 다른 것에 앞서서 문제로 삼거나 다루는 것.
계약(契約) 쌍방이 서로에게 지게 될 의무나 갖게 될 권리에 대해 글이나 말로 약속하는 일. 법률적으로는, 일정한 법률적 효과의 발생을 목적으로 하는 두 개 이상의 의사표시의 합치에 의하여 성립하는 법률 행위를 가리킴.

처분(處分) 1. 일정하게 처리하도록 하는 지시나 결정. 2. 행정·사법 관청이 특정한 사건에 대하여 해당 법규를 적용하는 행위. 3. 이미 있는 권리나 권리의 객체에 변동을 일으키는 일.
양심(良心) 자기의 행위에 대하여 옳고 그름, 선과 악의 판단을 내리는 도덕적 의식.
이익(利益) 1. 어떤 활동의 결과로 들인 노력이나 비용 이상의 금전이나 물질 등을 얻게 되어 좋은 상태. 2. 이롭고 도움이 되는 일.
알선(斡旋) 남의 일을 잘 되도록 주선하여 줌.

제47조 ① 국회의 정기회는 법률이 정하는 바에 의하여 매년 1회 집회되며, 국회의 임시회는 대통령 또는 국회 재적의원 4분의 1 이상의 요구에 의하여 집회된다.
② 정기회의 회기는 100일을, 임시회의 회기는 30일을 초과할 수 없다.
③ 대통령이 임시회의 집회를 요구할 때에는 기간과 집회요구의 이유를 명시하여야 한다.

제48조 국회는 의장 1인과 부의장 2인을 선출한다.

제49조 국회는 헌법 또는 법률에 특별한 규정이 없는 한 재적의원 과반수의 출석과 출석의원 과반수의 찬성으로 의결한다. 가부동수인 때에는 부결된 것으로 본다.

정기회(定期會) 매년 한 번씩 정기적으로 소집되는 국회. 국회법의 규정에 따라 우리나라의 정기국회는 매년 9월 20일에 개회된다. 정기국회의 회기는 100일을 초과할 수 없다.
임시회(臨時會) 필요에 따라 대통령 또는 국회 재적의원 4분의 1 이상의 요구에 의하여 소집되는 국회. 임시국회. 임시국회의 회기는 30일을 초과할 수 없다.
재적(在籍) 1. 호적 · 학적 · 병적 등에 올라 있는 것. 2. 합의체 등의 적에 올라 있는 것.

요구(要求) 1. 달라고 청함. 2. (어떤 사람이나 단체가 마땅히 해야 할 일이라고 생각하는 것을) 해달라고 하는 것.
명시(明示) (어떤 사실이나 내용을) 글 등에서 분명하게 나타내어 보이는 것.
이유(理由) 일이 이루어지거나 일어날 수밖에 없는 사정이나 내용.
과반수(過半數) 반이 넘는 수.
가부동수(可否同數) 찬성과 반대가 같은 숫자인 상태.

제50조 ① 국회의 회의는 공개한다. 다만, 출석의원 과반수의 찬성이 있거나 의장이 국가의 안전보장을 위하여 필요하다고 인정할 때에는 공개하지 아니할 수 있다.
② 공개하지 아니한 회의내용의 공표에 관하여는 법률이 정하는 바에 의한다.

제51조 국회에 제출된 법률안 기타의 의안은 회기 중에 의결되지 못한 이유로 폐기되지 아니한다. 다만, 국회의원의 임기가 만료된 때에는 그러하지 아니하다.

제52조 국회의원과 정부는 법률안을 제출할 수 있다.

의(依)하다 의거하거나 말미암다.
폐기(廢棄) 1. 못 쓰는 것을 내버림. 2. 조약·법률·약속 따위를 무효로 함.

제출(提出) 서류나 의견 따위를 내어 놓는 것.

제53조 ① 국회에서 의결된 법률안은 정부에 이송되어 15일 이내에 대통령이 공포한다.
② 법률안에 이의가 있을 때에는 대통령은 제1항의 기간 내에 이의서를 붙여 국회로 환부하고, 그 재의를 요구할 수 있다. 국회의 폐회 중에도 또한 같다.
③ 대통령은 법률안의 일부에 대하여 또는 법률안을 수정하여 재의를 요구할 수 없다.
④ 재의의 요구가 있을 때에는 국회는 재의에 붙이고, 재적의원 과반수의 출석과 출석의원 3분의 2 이상의 찬성으로 전과 같은 의결을 하면 그 법률안은 법률로서 확정된다.
⑤ 대통령이 제1항의 기간 내에 공포나 재의의 요구를 하지 아니한 때에도 그 법률안은 법률로서 확정된다.

의결(議決) 합의로써 결정하는 것. 또는, 그 결정.
이송(移送) 다른 데로 옮겨 보냄.
이의(異議) 1. 의견이나 주장을 남과 달리함. 2. 법률상의 효과를 가져오지 않도록 하기 위하여 남의 행위에 대하여 반대, 또는 따르지 않겠다는 뜻을 나타내는 일.

환부(還付) 도로 돌려줌.
재의(再議) 1. 두번째 의논함. 2. 이미 의결된 사항에 대하여 같은 기관이 다시 심의하거나 의결하는 절차.

⑥ 대통령은 제4항과 제5항의 규정에 의하여 확정된 법률을 지체없이 공포하여야 한다. 제5항에 의하여 법률이 확정된 후 또는 제4항에 의한 확정법률이 정부에 이송된 후 5일 이내에 대통령이 공포하지 아니할 때에는 국회의장이 이를 공포한다.
⑦ 법률은 특별한 규정이 없는 한 공포한 날로부터 20일을 경과함으로써 효력을 발생한다.

제54조 ① 국회는 국가의 예산안을 심의·확정한다.
② 정부는 회계연도마다 예산안을 편성하여 회계연도 개시 90일 전까지 국회에 제출하고, 국회는 회계연도 개시 30일 전까지 이를 의결하여야 한다.

공포(公布)하다 법령·예산·조약 따위를 일반 국민에게 널리 알림.
지체(遲滯) 1. 때를 늦추거나 질질 끄는 것. 2. 의무 이행을 적당한 이유 없이 지연하는 일.
심의(審議) 심사하고 토의하는 것.

회계연도(會計年度) 회계의 편의에 따라 정해 놓은 한 해의 기간. 우리나라는 1월 1일부터 12월 31일까지를 회계 연도로 함.
편성(編成) 조직이나 대오를 짜서 이루는 것.
개시(開始) 행동이나 일을 처음 시작함.

❸ 새로운 회계연도가 개시될 때까지 예산안이 의결되지 못한 때에는 정부는 국회에서 예산안이 의결될 때까지 다음의 목적을 위한 경비는 전년도 예산에 준하여 집행할 수 있다.

　1. 헌법이나 법률에 의하여 설치된 기관 또는 시설의 유지·운영

　2. 법률상 지출의무의 이행

　3. 이미 예산으로 승인된 사업의 계속

제55조 ❶ 한 회계연도를 넘어 계속하여 지출할 필요가 있을 때에는 정부는 연한을 정하여 계속비로서 국회의 의결을 얻어야 한다.
❷ 예비비는 총액으로 국회의 의결을 얻어야 한다. 예비비의 지출은 차기국회의 승인을 얻어야 한다.

예산(豫算) 1. 미리 필요한 금액 따위를 계산하는 것. 또는, 그런 금액. 2. 국가 또는 지방자치 단체의 한 회계 연도에 있어서의 세입과 세출의 계획.
경비(經費) 1. 어떤 일을 경영하는 데 드는 비용.
준(準)하다 어떤 본보기에 비추어 그대로 좇다.
기관(機關) 1. 어떤 목적을 이루기 위하여 설치된 조직. 2. 법인·단체 따위의 의사를 결정하거나 실행하는 지위에 있는 개인, 또는 그 집단.

연한(年限) 작정된 햇수.
계속비(繼續費) 일정한 경비의 총액을 여러 회계 연도에 나누어 계속 지출하는 경비.
예비비(豫備費) 예측할 수 없는 세출 예산(歲出豫算)의 부족에 대비하여 미리 예산 편성에 넣어 두는 비용.

제56조　정부는 예산에 변경을 가할 필요가 있을 때에는 추가경정예산안을 편성하여 국회에 제출할 수 있다.

제57조　국회는 정부의 동의 없이 정부가 제출한 지출예산 각항의 금액을 증가하거나 새 비목을 설치할 수 없다.

제58조　국채를 모집하거나 예산 외에 국가의 부담이 될 계약을 체결하려 할 때에는 정부는 미리 국회의 의결을 얻어야 한다.

제59조　조세의 종목과 세율은 법률로 정한다.

추가경정예산(追加更正豫算) 예산이 결정된 뒤에 생긴 사유로 말미암아 이미 성립된 예산에 변경을 가하여 새로 작성된 예산.
비목(費目) 비용을 지출하는 명목.
국채(國債) 국가에서 세입의 부족을 메우기 위하여 발행한 채권.
조세(租稅) 국가 또는 지방 공공 단체가 경비를 마련하기 위하여 국민이나 주민으로부터 강제로 거두어들이는 금전. 국세와 지방세가 있음. 세금.

종목(種目) 종류에 따라 나눈 항목.
세율(稅率) 법으로 정한 세금을 매길 수 있는 비율.
상호원조(相互援助)조약 (다른 나라로부터) 침략을 당할 때 서로 도와줄 것을 약속하는 조약.

제60조 ① 국회는 상호원조 또는 안전보장에 관한 조약, 중요한 국제조직에 관한 조약, 우호통상항해조약, 주권의 제약에 관한 조약, 강화조약, 국가나 국민에게 중대한 재정적 부담을 지우는 조약 또는 입법사항에 관한 조약의 체결·비준에 대한 동의권을 가진다.
② 국회는 선전포고, 국군의 외국에의 파견 또는 외국군대의 대한민국 영역 안에서의 주류에 대한 동의권을 가진다.

제61조 ① 국회는 국정을 감사하거나 특정한 국정사안에 대하여 조사할 수 있으며, 이에 필요한 서류의 제출 또는 증인의 출석과 증언이나 의견의 진술을 요구할 수 있다.
② 국정감사 및 조사에 관한 절차 기타 필요한 사항은 법률로 정한다.

안전보장(安全保障) 외국으로부터의 침략에 대하여 국가의 안전을 지키는 일.
우호통상항해(友好通商航海)조약 국가 간의 경제·통상 관계에 대하여 법적인 규제를 하기 위하여 체결하는 조약.
강화조약(講和條約) 서로 싸우던 나라 사이에서 전투행위를 끝내기 위해 체결하는 조약. 전쟁의 종료와 평화의 회복을 선언하며, 포로의 인도, 영토의 할양, 배상금 지급 같은 강화 조건을 내용으로 한다.

조약의 비준(批准) 조약의 체결에 대하여, 국가에서 최종적으로 확인·동의하는 절차.
선전포고(宣戰布告) 상대국에게 전쟁의 개시를 알리는 포고 또는 알리는 일.
주류(駐留) 군대 따위가 한 지역에 머무름. 주둔(駐屯).
국정감사(國政監査) 국회가 국정(國政) 전반에 관하여 실시하는 감사. 상임위원회별로 매년 정기국회 개회 다음 날부터 20일간 실시함.
국정조사(國政調査) 국회가 특정 사안에 대하여 조사하는 일.

제62조 ① 국무총리·국무위원 또는 정부위원은 국회나 그 위원회에 출석하여 국정 처리상황을 보고하거나 의견을 진술하고 질문에 응답할 수 있다.
② 국회나 그 위원회의 요구가 있을 때에는 국무총리·국무위원 또는 정부위원은 출석·답변하여야 하며, 국무총리 또는 국무위원이 출석요구를 받은 때에는 국무위원 또는 정부위원으로 하여금 출석·답변하게 할 수 있다.

제63조 ① 국회는 국무총리 또는 국무위원의 해임을 대통령에게 건의할 수 있다.
② 제1항의 해임건의는 국회 재적의원 3분의 1 이상의 발의에 의하여 국회 재적의원 과반수의 찬성이 있어야 한다.

출석(出席) 수업이나 회합 같은 자리에 참석하기 위하여 나가는 것.
답변(答辯) 물음에 대하여 대답하는 것. 또는 그 대답.

해임(解任) 1. (어떤 직책에 있는 사람을) 맡긴 임무를 내놓고 물러나게 하는 것. 2. 공무원의 징계 처분의 하나. 파면 다음으로 무거운 징계로, 공무원의 신분은 박탈하되 연금은 지급하는 일.
건의(建議) 어떤 문제에 대해 의견이나 희망을 제시하는 것.

제64조 ① 국회는 법률에 저촉되지 아니하는 범위 안에서 의사와 내부규율에 관한 규칙을 제정할 수 있다.
② 국회는 의원의 자격을 심사하며, 의원을 징계할 수 있다.
③ 의원을 제명하려면 국회 재적의원 3분의 2 이상의 찬성이 있어야 한다.
④ 제2항과 제3항의 처분에 대하여는 법원에 제소할 수 없다.

제65조 ① 대통령·국무총리·국무위원·행정 각부의 장·헌법재판소 재판관·법관·중앙선거관리위원회 위원·감사원장·감사위원 기타 법률이 정한 공무원이 그 직무집행에 있어서 헌법이나 법률을 위배한 때에는 국회는 탄핵의 소추를 의결할 수 있다.

저촉(抵觸) 1. 서로 부딪치는 것. 또는, 서로 모순되는 것. 2. (법률·규칙 등에) 위반되거나 거슬리는 것.
의사(議事) 회합(會合)에 의한 심의(審議) 또는 심의할 사항.
심사(審査) 자세히 조사하는 것.
징계(懲戒) 1. 부정·부당한 행위에 대하여, 제재(制裁)를 가하는 것. 2. 공직(公職)에 있는 사람의 의무 위반에 대하여, 국가와 공공 단체가 과하는 제재.
제명(除名) 1. 명부에서 이름을 빼버림. 2. 어떤 단체에서 구성원의 자격을 본인의 의사에 반하여 박탈하는 행위.

제소(提訴) 소송을 제기하는 것.
위배(違背) 법령·명령·약속 등을 어기거나 지키지 않는 것.
탄핵(彈劾) 일반 법원에 의해서는 소추(訴追)가 곤란한 대통령·국무총리·국무위원·법관같이 신분이 보장된 고급공무원이 위법 행위를 저질렀을 때, 국회의 소추에 따라 헌법 재판소의 심판으로 파면시키는 절차.
소추(訴追) 검사가 특정한 사건에 관하여 공소를 제기하는 일.
발의(發議) 회의하는 자리에서, 의견을 내는 것. 또는, 의안(議案)을 제출하는 것.

❷ 제1항의 탄핵소추는 국회 재적의원 3분의 1 이상의 발의가 있어야 하며, 그 의결은 국회 재적의원 과반수의 찬성이 있어야 한다. 다만, 대통령에 대한 탄핵소추는 국회 재적의원 과반수의 발의와 국회 재적의원 3분의 2 이상의 찬성이 있어야 한다.

❸ 탄핵소추의 의결을 받은 자는 탄핵심판이 있을 때까지 그 권한 행사가 정지된다.

❹ 탄핵결정은 공직으로부터 파면함에 그친다. 그러나 이에 의하여 민사상이나 형사상의 책임이 면제되지는 아니한다.

탄핵심판(彈劾審判) 국회에서 탄핵을 소추한 건에 대하여 헌법재판소가 심리를 통해 가부를 결정하는 절차.
권한(權限) 권리나 권력 또는 직권이 미치는 범위.
행사(行使) 1. (어떤 사람에게, 또는 단체에 강제적인 힘을) 따르게 하거나 굴복하게 하기 위해 사용하는 것. 2. (자기의 권리를) 실현되게 하는 것.
정지(停止) 1. (움직이고 있는 물체가) 움직임을 멈추는 것. 2. (어떤 일이나 작용을) 중도에 그만두거나, 더 이상 이뤄지지 않게 하는 것.

파면(罷免) 1. (어떤 직책에 있는 사람의) 자격을 박탈하고 직장에서 내보내는 것. 2. 공무원의 징계 처분의 하나. 가장 무거운 징계로, 공무원의 신분을 박탈하고 연금 중 국가 기여분을 지급하지 않는 일.
면제(免除) (책임·의무 따위를) 면하는 것.

The Korea Cons

대 한 민 국 헌 법
大韓民國憲法

제4장

정부

제4장 정부
大韓民國憲法

제1절 _ 대통령

제66조
① 대통령은 국가의 원수이며, 외국에 대하여 국가를 대표한다.
② 대통령은 국가의 독립·영토의 보전·국가의 계속성과 헌법을 수호할 책무를 진다.
③ 대통령은 조국의 평화적 통일을 위한 성실한 의무를 진다.
④ 행정권은 대통령을 수반으로 하는 정부에 속한다.

원수(元首) 1. 국민의 수장(首長) 2. 통제법상 외국에 대하여 국가를 대표하는 기관. 군주국에 있어서는 군주, 공화국에 있어서는 대통령임.
대표(代表) 법인·단체를 대신하여 의사를 표시하여 그것을 법인·단체 자체의 행위로써 법률상의 효과를 발생시키는 것. 또는, 그것을 하는 사람이나 기관.

독립(獨立) 1. 남의 도움이나 속박을 받지 않고 혼자의 힘으로 일을 해나가는 상태가 되는 것. 2. 한 나라가 다른 나라의 간섭이나 속박을 받지 않고 주권을 온전히 행사하는 상태가 되는 것.
수호(守護) 지키고 보호하는 것.
책무(責務) 책임과 의무.
피선거권(被選擧權) 선거에 후보자로 나설 수 있는 권리.

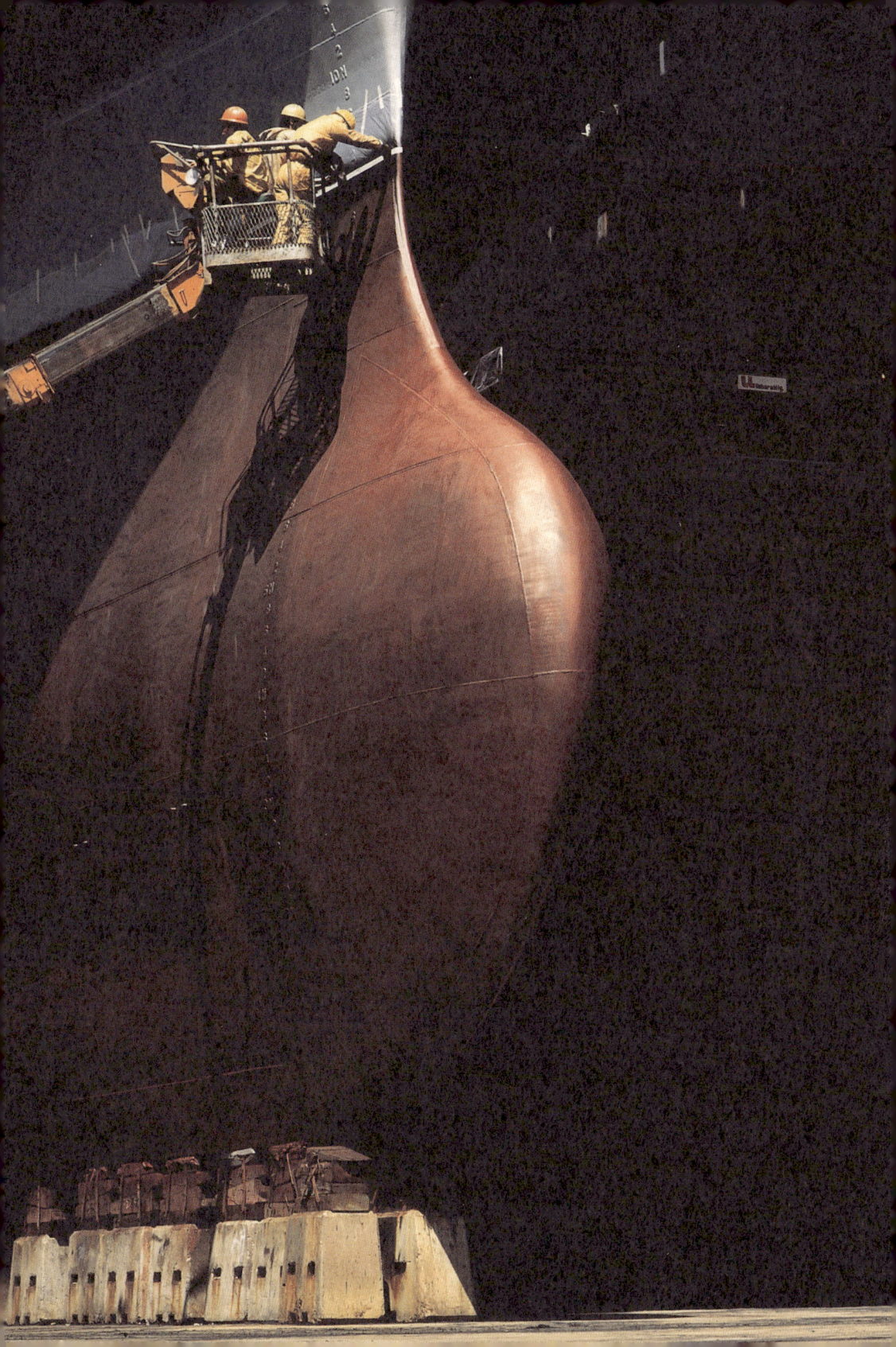

제67조 ① 대통령은 국민의 보통·평등·직접·비밀선거에 의하여 선출한다.
② 제1항의 선거에 있어서 최고득표자가 2인 이상인 때에는 국회의 재적의원 과반수가 출석한 공개회의에서 다수표를 얻은 자를 당선자로 한다.
③ 대통령후보자가 1인일 때에는 그 득표수가 선거권자 총수의 3분의 1 이상이 아니면 대통령으로 당선될 수 없다.
④ 대통령으로 선거될 수 있는 자는 국회의원의 피선거권이 있고 선거일 현재 40세에 달하여야 한다.
⑤ 대통령의 선거에 관한 사항은 법률로 정한다.

당선(當選) (후보자가) 선거에서 어떤 지위나 자격을 가진 사람으로 뽑히는 것.

제68조 ① 대통령의 임기가 만료되는 때에는 임기만료 70일 내지 40일 전에 후임자를 선거한다.
② 대통령이 궐위된 때 또는 대통령 당선자가 사망하거나 판결 기타의 사유로 그 자격을 상실한 때에는 60일 이내에 후임자를 선거한다.

제69조 대통령은 취임에 즈음하여 다음의 선서를 한다. "나는 헌법을 준수하고 국가를 보위하며 조국의 평화적 통일과 국민의 자유와 복리의 증진 및 민족문화의 창달에 노력하여 대통령으로서의 직책을 성실히 수행할 것을 국민 앞에 엄숙히 선서합니다."

제70조 대통령의 임기는 5년으로 하며, 중임할 수 없다.

만료(滿了) 정해진 기한이 끝남.
후임자(後任者) 후임으로 들어선 사람.
궐위(闕位) 직위·관직이 빔. 또는, 그 빈 자리.
선서(宣誓) 1. 여럿 앞에서 맹세를 세워 말하는 것. 2. 증언에 앞서 증인·감정인·통역인 등이 정해진 형식에 따라 진술의 진실, 또는 감정·통역을 성실히 할 것을 맹세하는 일. 3. 공무원이 어떤 직위에 취임할 때, 법령을 성실하게 준수하고 공무를 공정하게 집행할 것을 맹세하는 일.

보위(保衛) 보호하고 지킴.
중임(重任) (먼저 일하던 지위나 직책을) 거듭 맡는 것.

제71조 대통령이 궐위되거나 사고로 인하여 직무를 수행할 수 없을 때에는 국무총리, 법률이 정한 국무위원의 순서로 그 권한을 대행한다.

제72조 대통령은 필요하다고 인정할 때에는 외교·국방·통일 기타 국가안위에 관한 중요정책을 국민투표에 붙일 수 있다.

제73조 대통령은 조약을 체결·비준하고, 외교사절을 신임·접수 또는 파견하며, 선전포고와 강화를 한다.

제74조 ① 대통령은 헌법과 법률이 정하는 바에 의하여 국군을 통수한다.
② 국군의 조직과 편성은 법률로 정한다.

순서(順序) 어떤 일들을 행할 때 어떤 것을 먼저 하고 나중에 할 것인지를 정해 놓은 구분.
대행(代行)하다 대신 행하다.
체결(締結) (계약·조약 등을) 맺는 것.
국가안위(國家安危) 국가의 안전과 위태로움.
외교사절(外交使節) 외국에 파견되는 국가의 대외적 대표 기관. 외국에 대하여 자기 나라의 권리·이익을 꾀하고, 주재국의 자기 국민을 보호·감독하는 임무를 지님. 대사·공사·변리 공사·대리 공사의 4계급이 있음. 단, 오늘날 '변리 공사'를 파견하는 국가는 거의 없음.

외교사절의 신임(新任) 국가원수가 다른 나라에 파견할 외교사절을 임명하고, 이를 그 나라의 원수에게 정식으로 알리는 일.
외교사절의 접수(接受) 신임장(信任狀)을 제출한 다른 나라의 외교사절을 받아들이는 일.
외교사절의 파견(派遣) 국가의 외교사절을 다른 나라에 보내는 일.
국군통수권(國軍統帥權) (국군의) 최고책임자로서 군대를 지휘하고 통솔하는 대통령의 고유권한.

제75조   대통령은 법률에서 구체적으로 범위를 정하여 위임받은 사항과 법률을 집행하기 위하여 필요한 사항에 관하여 대통령령을 발할 수 있다.

제76조   ① 대통령은 내우・외환・천재・지변 또는 중대한 재정・경제상의 위기에 있어서 국가의 안전보장 또는 공공의 안녕질서를 유지하기 위하여 긴급한 조치가 필요하고 국회의 집회를 기다릴 여유가 없을 때에 한하여 최소한으로 필요한 재정・경제상의 처분을 하거나 이에 관하여 법률의 효력을 가지는 명령을 발할 수 있다.
② 대통령은 국가의 안위에 관계되는 중대한 교전상태에 있어서 국가를 보위하기 위하여 긴급한 조치가 필요하고 국회의 집회가 불가능한 때에 한하여 법률의 효력을 가지는 명령을 발할 수 있다.

구체적(具體的) 실제적이고 세밀한 부분까지 다루고 있는.
위임(委任) 1. 어떤 일을 지워 맡기는 것. 또는, 그 맡은 책임. 2. 당사자의 한쪽이 상대방에게 법률 행위나 그 밖의 사무 처리를 맡기는 계약. 3. 행정청이 권한 사무를 다른 행정청에 위탁하는 일.
집행(執行) 실제로 시행하는 것.
내우(內憂) 나라 안의 온갖 걱정.
외환(外患) 외적의 침범으로 인한 근심이나 재앙.
천재지변(天災地變) 지진이나 홍수와 같은 자연적인 재앙.

재정(財政) 국가 또는 지방 자치 단체가 그 존립・유지에 필요한 재산을 조달・관리・사용하는 일체의 경제 활동.
조치(措置) 상황이나 여건을 감안하여 어떻게 다룰 것인지를 정하는 것.
명령(命令) 국회에서 제정하는 법률에 대응하는 개념으로 행정 기관이 법률을 실시하기 위하여 제정하는 법령. 대통령령・국무총리령・부령으로 나뉨.
안위(安危) 안전함과 위태함.
교전(交戰) (나라와 나라, 또는 군대와 군대 등이) 어느 지역에서 무기를 가지고 맞붙어 싸우는 것.

③ 대통령은 제1항과 제2항의 처분 또는 명령을 한 때에는 지체 없이 국회에 보고하여 그 승인을 얻어야 한다.

④ 제3항의 승인을 얻지 못한 때에는 그 처분 또는 명령은 그때부터 효력을 상실한다. 이 경우 그 명령에 의하여 개정 또는 폐지되었던 법률은 그 명령이 승인을 얻지 못한 때부터 당연히 효력을 회복한다.

⑤ 대통령은 제3항과 제4항의 사유를 지체없이 공포하여야 한다.

승인(承認) 1. 정당하다고 인정하는 것. 또는, 사실임을 인정하는 것. 2. 국가·정부 등에 대하여 국제법상의 지위를 인정하는 것.
전시(戰時) 전쟁이 벌어지고 있는 때.

사변(事變) (전쟁까지는 이르지 않았으나) 경찰력만으로는 막을 수 없어 군병력을 동원하는 나라의 중대한 사태나 난리.
사유(事由) 일의 까닭.

제77조

① 대통령은 전시·사변 또는 이에 준하는 국가비상사태에 있어서 병력으로써 군사상의 필요에 응하거나 공공의 안녕질서를 유지할 필요가 있을 때에는 법률이 정하는 바에 의하여 계엄을 선포할 수 있다.
② 계엄은 비상계엄과 경비계엄으로 한다.
③ 비상계엄이 선포된 때에는 법률이 정하는 바에 의하여 영장제도, 언론·출판·집회·결사의 자유, 정부나 법원의 권한에 관하여 특별한 조치를 할 수 있다.
④ 계엄을 선포한 때에는 대통령은 지체없이 국회에 통고하여야 한다.
⑤ 국회가 재적의원 과반수의 찬성으로 계엄의 해제를 요구한 때에는 대통령은 이를 해제하여야 한다.

국가비상사태(國家非常事態) 나라에 천재·사변·폭동 따위가 일어나 개개의 경찰력으로는 치안을 유지하기 곤란한 상태.
비상계엄(非常戒嚴) 전쟁 또는 전쟁에 준하는 사변으로 사회질서가 극도로 어지러운 지역에 선포하는 계엄. 비상계엄이 선포되면 계엄사령관은 바로 그 지역의 모든 행정사무 및 사법사무를 관장함.

경비계엄(警備戒嚴) 전시·사변 또는 이에 준하는 비상사태로 인하여 질서가 어지러운 지역에 선포하는 계엄. 경비계엄이 선포되면 계엄사령관은 군사에 관한 행정사무 및 사법사무를 관장함.

제4장 정부

제78조 대통령은 헌법과 법률이 정하는 바에 의하여 공무원을 임면한다.

제79조 ① 대통령은 법률이 정하는 바에 의하여 사면·감형 또는 복권을 명할 수 있다.
② 일반사면을 명하려면 국회의 동의를 얻어야 한다.
③ 사면·감형 및 복권에 관한 사항은 법률로 정한다.

제80조 대통령은 법률이 정하는 바에 의하여 훈장 기타의 영전을 수여한다.

제81조 대통령은 국회에 출석하여 발언하거나 서한으로 의견을 표시할 수 있다.

임면(任免) 임명(任命)과 해임(解任).
사면(赦免) 죄를 용서하여 형벌을 면제해 주는 대통령의 고유한 권한. 일반사면과 특별사면이 있으며, 일반사면의 경우 국회의 동의를 필요로 함.
감형(減刑) 대통령이 사면권을 행사하여 범죄인의 확정된 형의 일부를 줄여줌.
복권(復權) 유죄나 파산 선고 따위로 잃어버렸던 권리나 자격을 되찾음.
영전(榮典) 명예를 표창하기 위한 제도.
수여(授與) 상장이나 훈장 따위를 주는 것.
서한(書翰) 편지.

제82조 대통령의 국법상 행위는 문서로써 하며, 이 문서에는 국무총리와 관계 국무위원이 부서한다. 군사에 관한 것도 또한 같다.

제83조 대통령은 국무총리·국무위원·행정 각부의 장 기타 법률이 정하는 공사의 직을 겸할 수 없다.

제84조 대통령은 내란 또는 외환의 죄를 범한 경우를 제외하고는 재직 중 형사상의 소추를 받지 아니한다.

제85조 전직 대통령의 신분과 예우에 관하여는 법률로 정한다.

문서(文書) 글이나 기호로써 일정한 의사나 관념 또는 사상을 표시한 것.
부서(副署) 법령이나 대통령의 나랏일에 관한 문서에 국무총리와 관계 국무위원이 함께 서명하는 일. 또는 그 서명.

겸(兼)하다 주어진 일 외에 다른 일을 함께 맡다.
재직(在職) 어느 직장에 근무하거나 어떤 직무를 맡아 일하는 것.
예우(禮遇) 예의를 다하여 정중하게 대우함.

제2절 _ 행정부

제1관 국무총리와 국무위원

제86조
① 국무총리는 국회의 동의를 얻어 대통령이 임명한다.
② 국무총리는 대통령을 보좌하며, 행정에 관하여 대통령의 명을 받아 행정 각부를 통할한다.
③ 군인은 현역을 면한 후가 아니면 국무총리로 임명될 수 없다.

제87조
① 국무위원은 국무총리의 제청으로 대통령이 임명한다.
② 국무위원은 국정에 관하여 대통령을 보좌하며, 국무회의의 구성원으로서 국정을 심의한다.
③ 국무총리는 국무위원의 해임을 대통령에게 건의할 수 있다.
④ 군인은 현역을 면한 후가 아니면 국무위원으로 임명될 수 없다.

관(款) 1. 법률이나 조문(條文) 따위의 조목. 2. 예산서나 결산서의 한 과목. 장(章)의 아래, 항(項)의 위.
보좌(補佐) 윗사람 곁에서 일을 도움.
통할(統轄)하다 모두 거느려서 다스리다.
현역(現役) 1. 현재 각 부대에 소속되어 복무하고 있는 병역, 또는, 그 군인. 2. 현재 어떤 직무에 종사하고 있는 사람.

면(免)-하다 (책임이나 의무를) 지지 않게 되다.
제청(提請) 제안하여 청하는 것.
건의(建議) 어떤 문제에 대하여 의견이나 희망을 제시하는 것. 또는, 그 희망이나 의견.

제2관 국무회의

제88조
① 국무회의는 정부의 권한에 속하는 중요한 정책을 심의한다.
② 국무회의는 대통령·국무총리와 15인 이상 30인 이하의 국무위원으로 구성한다.
③ 대통령은 국무회의의 의장이 되고, 국무총리는 부의장이 된다.

제89조 다음 사항은 국무회의의 심의를 거쳐야 한다.
1. 국정의 기본계획과 정부의 일반정책
2. 선전·강화 기타 중요한 대외정책
3. 헌법개정안·국민투표안·조약안·법률안 및 대통령령안
4. 예산안·결산·국유재산처분의 기본계획·국가의 부담이 될 계약 기타 재정에 관한 중요사항

5. 대통령의 긴급명령 · 긴급재정경제처분 및 명령 또는 계엄과 그 해제

6. 군사에 관한 중요사항

7. 국회의 임시회 집회의 요구

8. 영전수여

9. 사면 · 감형과 복권

10. 행정 각부 간의 권한의 획정

11. 정부안의 권한의 위임 또는 배정에 관한 기본계획

12. 국정 처리상황의 평가 · 분석

13. 행정 각부의 중요한 정책의 수립과 조정

14. 정당해산의 제소

15. 정부에 제출 또는 회부된 정부의 정책에 관계되는 청원의 심사

긴급명령(緊急命令) 국가가 비상사태에 처한 경우에 국가 원수가 긴급한 조치를 취하기 위하여 발하는 명령.
긴급재정경제처분(緊急財政經濟處分) 국가가 중대한 재정 · 경제상의 위기를 맞았을 때 긴급한 조치를 취하기 위해 발하는 처분.

획정(劃定) 명확히 구별하여 정하는 것.
회부(回附) 물건이나 사건을 어떤 대상에게 돌려 보내거나 넘기는 것.
청원(請願) 1. 바라는 바를 말하고 이루어지게 해달라고 청함. 2. (국가 기관이나 지방 자치 단체에 대하여) 국민이 문서로서 희망 사항을 진술함.

16. 검찰총장 · 합동 참모의장 · 각군 참모총장 · 국립대학교 총장 · 대사 기타 법률이 정한 공무원과 국영기업체 관리자의 임명
17. 기타 대통령 · 국무총리 또는 국무위원이 제출한 사항

제90조 ① 국정의 중요한 사항에 관한 대통령의 자문에 응하기 위하여 국가원로로 구성되는 국가원로자문회의를 둘 수 있다.
② 국가원로자문회의의 의장은 직전 대통령이 된다. 다만, 직전 대통령이 없을 때에는 대통령이 지명한다.
③ 국가원로자문회의의 조직 · 직무범위 기타 필요한 사항은 법률로 정한다.

자문(諮問) (어떤 사람이나 기업체나 정부 등이) 어려운 일이나 문제를 잘 처리하거나 해결하고자 할 때, 그 방면의 전문가에게, 또는 전문가들로 이루어진 기관이나 기구에 어떻게 해야 할지 의견을 묻는 것.

원로(元老) 특정한 분야에 오래 종사하여 공로가 많고 덕망이 높은 사람.

제91조 ① 국가안전보장에 관련되는 대외정책·군사정책과 국내정책의 수립에 관하여 국무회의의 심의에 앞서 대통령의 자문에 응하기 위하여 국가안전보장회의를 둔다.
② 국가안전보장회의는 대통령이 주재한다.
③ 국가안전보장회의의 조직·직무범위 기타 필요한 사항은 법률로 정한다.

주재(主宰) 중심이 되어 맡아 처리하는 것.

제92조 ① 평화통일정책의 수립에 관한 대통령의 자문에 응하기 위하여 민주평화통일자문회의를 둘 수 있다.
② 민주평화통일자문회의의 조직·직무범위 기타 필요한 사항은 법률로 정한다.

제93조 ① 국민경제의 발전을 위한 중요정책의 수립에 관하여 대통령의 자문에 응하기 위하여 국민경제자문회의를 둘 수 있다.
② 국민경제자문회의의 조직·직무범위 기타 필요한 사항은 법률로 정한다.

제3관 행정각부

제94조   행정 각부의 장은 국무위원 중에서 국무총리의 제청으로 대통령이 임명한다.

제95조   국무총리 또는 행정 각부의 장은 소관사무에 관하여 법률이나 대통령령의 위임 또는 직권으로 총리령 또는 부령을 발할 수 있다.

제96조   행정 각부의 설치·조직과 직무범위는 법률로 정한다.

제청(提請) 마땅한 사람을 추천하여 임명해 줄 것을 요청하는 일.
소관사무(所管事務) 맡은 업무.
직권(職權) 어떤 직무나 직위에 따른 권한.

총리령(總理領) 국무총리가 맡은 나랏일에 관하여 법이나 대통령령의 위임 또는 직권으로 내는 명령.
부령(部令) 행정 각부 장관이 맡은 나랏일에 관해 그의 직권이나 특별 위임으로 내는 행정명령.

제4관 감사원

제97조 국가의 세입·세출의 결산, 국가 및 법률이 정한 단체의 회계검사와 행정기관 및 공무원의 직무에 관한 감찰을 하기 위하여 대통령 소속하에 감사원을 둔다.

제98조
① 감사원은 원장을 포함한 5인 이상 11인 이하의 감사위원으로 구성한다.
② 원장은 국회의 동의를 얻어 대통령이 임명하고, 그 임기는 4년으로 하며, 1차에 한하여 중임할 수 있다.
③ 감사위원은 원장의 제청으로 대통령이 임명하고, 그 임기는 4년으로 하며, 1차에 한하여 중임할 수 있다.

세입(歲入) 국가나 지방 자치 단체의 한 회계 연도 동안의 총수입.
세출(歲出) 국가나 지방 자치 단체의 한 회계 연도 동안의 총지출.
회계검사(會計檢査) 회계보고가 정확한지 아닌지 확인하기 위해 회계 기록을 검토·조사·판정하는 일.

결산(決算) 공공 기관이나 기업체 등에서, 일정 기간의 수입과 지출을 계산하는 것.
감찰(監察) 공무상의 비위(非違)나 비행(非行)에 대하여 조사 또는 감독하는 일.
감사원(監査院) 국가의 세입·세출 결산 및 공무원의 직무에 관하여 살피고 감독하는 대통령 직속의 헌법기관.

제99조 감사원은 세입·세출의 결산을 매년 검사하여 대통령과 차년도 국회에 그 결과를 보고하여야 한다.

제100조 감사원의 조직·직무범위·감사위원의 자격·감사대상 공무원의 범위 기타 필요한 사항은 법률로 정한다.

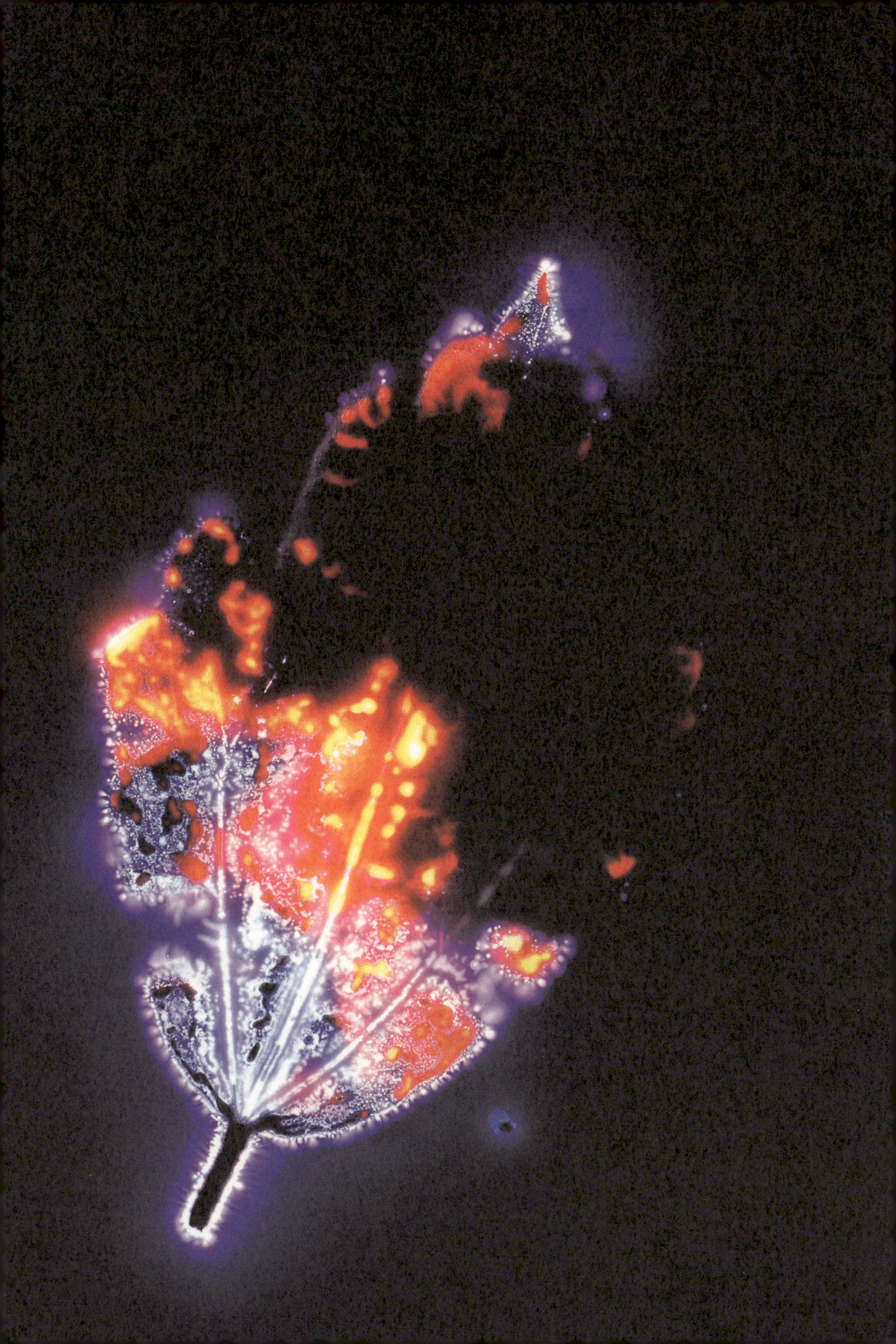

T h e   K o r e a   C o n s

대 한 민 국 헌 법

大韓民國憲法

제5장

법원

제5장 법원

제101조 ① 사법권은 법관으로 구성된 법원에 속한다.
② 법원은 최고 법원인 대법원과 각급 법원으로 조직된다.
법관의 자격은 법률로 정한다.

제102조 ① 대법원에 부를 둘 수 있다.
② 대법원에 대법관을 둔다. 다만, 법률이 정하는 바에 의하여 대법관이 아닌 법관을 둘 수 있다.
③ 대법원과 각급 법원의 조직은 법률로 정한다.

사법(司法) 삼권(三權)의 하나. 국가가 법률을 실제의 사실에 적용하는 행위. 분쟁 해결을 위해서 일정한 사항의 적법성과 위법성 또는 권리 관계를 확정·선언한다. 법률에 따른 민사·형사상의 재판.

사법권(司法權) 사법을 행하는 국가의 통치권. 즉, 민사·형사·행정 재판을 관할하는 법원의 고유한 권한을 말함.

제103조 법관은 헌법과 법률에 의하여 그 양심에 따라 독립하여 심판한다.

제104조 ❶ 대법원장은 국회의 동의를 얻어 대통령이 임명한다.
❷ 대법관은 대법원장의 제청으로 국회의 동의를 얻어 대통령이 임명한다.
❸ 대법원장과 대법관이 아닌 법관은 대법관회의의 동의를 얻어 대법원장이 임명한다.

제105조 ❶ 대법원장의 임기는 6년으로 하며, 중임할 수 없다.
❷ 대법관의 임기는 6년으로 하며, 법률이 정하는 바에 의하여 연임할 수 있다.
❸ 대법원장과 대법관이 아닌 법관의 임기는 10년으로 하며, 법률이 정하는 바에 의하여 연임할 수 있다.
❹ 법관의 정년은 법률로 정한다.

연임(連任) (어떤 사람이 임기가 정해진 직위나 직책을) 임기가 끝난 뒤에 계속하여 다시 맡는 것.

정년(停年) 관청이나 회사 따위에서 직원이 퇴직하도록 정해진 나이.

제106조 ① 법관은 탄핵 또는 금고 이상의 형의 선고에 의하지 아니하고는 파면되지 아니하며, 징계처분에 의하지 아니하고는 정직·감봉 기타 불리한 처분을 받지 아니한다.
② 법관이 중대한 심신상의 장해로 직무를 수행할 수 없을 때에는 법률이 정하는 바에 의하여 퇴직하게 할 수 있다.

제107조 ① 법률이 헌법에 위반되는 여부가 재판의 전제가 된 경우에는 법원은 헌법재판소에 제청하여 그 심판에 의하여 재판한다.
② 명령·규칙 또는 처분이 헌법이나 법률에 위반되는 여부가 재판의 전제가 된 경우에는 대법원은 이를 최종적으로 심사할 권한을 가진다.
③ 재판의 전심절차로서 행정심판을 할 수 있다. 행정심판의 절차는 법률로 정하되, 사법절차가 준용되어야 한다.

금고(禁錮) 1. 자유형의 한 가지. 교도소에 가두어 둘 뿐, 노동을 시키지 않는 형. 금고형(禁錮刑).
선고(宣告) 공판정에서 재판의 판결을 공표하는 일.
정직(停職) 직무의 수행을 일시 중지시킴.
감봉(減俸) 공무원 징계처분의 하나로 일정 기간 동안 보수를 3분의 1 이하로 줄임.
퇴직(退職) 직장을 그만둠.
위반(違反) 법령, 명령, 약속 따위를 어기거나 지키지 않는 것.

전제(前提) 어떠한 사물이나 현상이 이루어지기 위해 먼저 필요로 하는 것.
전심절차(前審節次) 법원의 심리에 앞서 행정기관에서 하는 심리절차.
행정심판(行政審判) 행정기관의 위법·부당한 처분으로 피해를 본 일반 국민이 그 처분의 취소·무효를 상급행정기관에 제기하는 법적 구제절차.
준용(準用)하다 (규정을) 준거로 삼아 적용하다.

제108조 　대법원은 법률에서 저촉되지 아니하는 범위 안에서 소송에 관한 절차, 법원의 내부규율과 사무처리에 관한 규칙을 제정할 수 있다.

제109조 　재판의 심리와 판결은 공개한다. 다만, 심리는 국가의 안전보장 또는 안녕질서를 방해하거나 선량한 풍속을 해할 염려가 있을 때에는 법원의 결정으로 공개하지 아니할 수 있다.

심리(審理) 사실 관계를 명확히 하기 위하여 법원이 조사를 하는 행위.
판결(判決) 소송사건에 대하여 법률에 따라 판단을 내리는 일.
공개(公開) 여러 사람에게 널리 터 놓는 것.

안녕질서 (安寧秩序) 사회의 모든 질서가 바로잡히고 국민의 생명과 재산이 안전한 상태.
선량(善良)한 풍속 아름답고 좋은 풍속. 미풍양속(美風良俗).

제110조 ① 군사재판을 관할하기 위하여 특별법원으로서 군사법원을 둘 수 있다.
② 군사법원의 상고심은 대법원에서 관할한다.
③ 군사법원의 조직·권한 및 재판관의 자격은 법률로 정한다.
④ 비상계엄하의 군사재판은 군인·군무원의 범죄나 군사에 관한 간첩죄의 경우와 초병·초소·유독음식물 공급·포로에 관한 죄 중 법률이 정한 경우에 한하여 단심으로 할 수 있다. 다만, 사형을 선고한 경우에는 그러하지 아니하다.

특별법원(特別法院) (군인같이) 지위가 특수한 사람이나 사건에 대하여 재판권을 행사하는 법원.
군사법원(軍事法院) 군인과 군무원과 관련된 범죄행위를 심판하기 위해 설치한 특별법원으로 군형사법의 적용을 받음.
상고(上告) 제2심 판결에 대한 상소(上訴).
관할(管轄) 권한에 의하여 통제하거나 지배하는 것. 또는, 그 권한이 미치는 범위.

간첩(間諜) 국가나 단체의 비밀을 몰래 탐지·수집하여 대립 관계에 있는 국가나 단체에 제공하는 사람.
단심(單審) 재판의 심리를 한번에 종결하는 심리제도.
사형(死刑) 수형자(受刑者)의 목숨을 끊는 형벌. 우리 나라의 현행법은 교수형으로 집행함.

TheKoreaCons

대한민국헌법
大韓民國憲法

제6장

헌법재판소

헌법재판소

제6장 大韓民國憲法

제111조 ① 헌법재판소는 다음 사항을 관장한다.
　　　　1. 법원의 제청에 의한 법률의 위헌여부 심판
　　　　2. 탄핵의 심판
　　　　3. 정당의 해산 심판
　　　　4. 국가기관 상호간, 국가기관과 지방자치단체 간 및 지방자치단체 상호간의 권한쟁의에 관한 심판
　　　　5. 법률이 정하는 헌법소원에 관한 심판
　　　② 헌법재판소는 법관의 자격을 가진 9인의 재판관으로 구성하며, 재판관은 대통령이 임명한다.

관장(管掌) 기관이나 단체, 혹은 특정 직책에 있는 사람이 고유한 일을 맡아서 다룸. 맡아봄.
위헌(違憲) 법률이나 명령·규칙 등이 헌법에 위반되는 일.
쟁의(爭議) 1. 의견이 달라 서로 다투는 것. 2. 노동자와 사용자, 또는 지주와 소작인 사이에 일어나는 분쟁.

소원(訴願) 행정 행위가 법에 어긋나거나 부당할 때 그 처분의 취소 또는 변경을 상급 관청에 호소하는 일.
헌법소원(憲法訴願) 법을 어긴 공권력의 발동으로 헌법에 보장된 기본권을 침해당한 국민이 그 권리를 구제받기 위하여 헌법 재판소에 내는 소원(訴願).

❸ 제2항의 재판관 중 3인은 국회에서 선출하는 자를, 3인은 대법원장이 지명하는 자를 임명한다.
❹ 헌법재판소의 장은 국회의 동의를 얻어 재판관 중에서 대통령이 임명한다.

제112조 ❶ 헌법재판소 재판관의 임기는 6년으로 하며, 법률이 정하는 바에 의하여 연임할 수 있다.
❷ 헌법재판소 재판관은 정당에 가입하거나 정치에 관여할 수 없다.
❸ 헌법재판소 재판관은 탄핵 또는 금고 이상의 형의 선고에 의하지 아니하고는 파면되지 아니한다.

선출(選出) 일정한 절차에 따라 여러 사람 중에서 뽑는 것.
지명(指名) 자격을 갖춘 사람을 특정한 지책에 공식적으로 추천, 또는 제의하는 것.

가입(加入) 어떤 조직이나 단체에 들거나 참가하는 것.
관여(關與) (어떤 일에) 관계하여 참여하는 것.

제113조 ① 헌법재판소에서 법률의 위헌결정, 탄핵의 결정, 정당해산의 결정 또는 헌법소원에 관한 인용결정을 할 때에는 재판관 6인 이상의 찬성이 있어야 한다.
② 헌법재판소는 법률에 저촉되지 아니하는 범위 안에서 심판에 관한 절차, 내부규율과 사무처리에 관한 규칙을 제정할 수 있다.
③ 헌법재판소의 조직과 운영 기타 필요한 사항은 법률로 정한다.

인용(認容) 인정하여 받아들임.
결정(決定) 1. 태도나 뜻을 정하는 것. 또는, 그 내용. 2. 법원이 행하는 판결·명령 이외의 재판. 〈참고 : 여기서는 2의 뜻임.〉

인용결정(認容決定) 심판청구인의 청구를 받아들이는 결정.

TheKoreaCons

대 한 민 국 헌 법
大韓民國憲法

제7장

선거관리

제7장 선거관리

제114조 ① 선거와 국민투표의 공정한 관리 및 정당에 관한 사무를 처리하기 위하여 선거관리위원회를 둔다.
② 중앙선거관리위원회는 대통령이 임명하는 3인, 국회에서 선출하는 3인과 대법원장이 지명하는 3인의 위원으로 구성한다. 위원장은 위원 중에서 호선한다.
③ 위원의 임기는 6년으로 한다.
④ 위원은 정당에 가입하거나 정치에 관여할 수 없다.
⑤ 위원은 탄핵 또는 금고 이상의 형의 선고에 의하지 아니하고는 파면되지 아니한다.

공정(公正) 행동이 사사롭거나 어느 쪽으로 치우치지 않고 바르고 참된 상태에 있는 것.

호선(互選) 조직의 구성원들이 자기네 가운데서 서로 투표하여 어떤 사람을 선출함. 또는 그 선거.

❻ 중앙선거관리위원회는 법령의 범위 안에서 선거관리·국민투표관리 또는 정당사무에 관한 규칙을 제정할 수 있으며, 법률에 저촉되지 아니하는 범위안에서 내부규율에 관한 규칙을 제정할 수 있다.
❼ 각급 선거관리위원회의 조직·직무범위 기타 필요한 사항은 법률로 정한다.

제115조 ❶ 각급 선거관리위원회는 선거인 명부의 작성 등 선거사무와 국민투표사무에 관하여 관계 행정기관에 필요한 지시를 할 수 있다.
❷ 제1항의 지시를 받은 당해 행정기관은 이에 응하여야 한다.

관리(管理) 일을 맡아 처리하는 것.
명부(名簿) 어떤 대상자들의 이름을 적은 장부.

작성(作成) 문서나 원고, 혹은 계획 따위를 만드는 것.
응(應)하다 요구, 명령, 제의 따위를 받아들여 그대로 하다.

제7장 선거관리

제116조 ① 선거운동은 각급 선거관리위원회의 관리하에 법률이 정하는 범위 안에서 하되, 균등한 기회가 보장되어야 한다.

② 선거에 관한 경비는 법률이 정하는 경우를 제외하고는 정당 또는 후보자에게 부담시킬 수 없다.

선거운동(選擧運動) 선거에서 당선을 목적으로 유권자에게 지지를 호소하는 행위.
균등(均等) 차별 없이 고르고 가지런한 것.

제외(除外) 어떤 범위의 밖에 두어 한데 셈치지 아니함. 따로 빼어 냄.
부담(負擔) 1. 어떤 일에 대한 짐스러운 의무나 책임. 2. 비용을 책임지는 것.

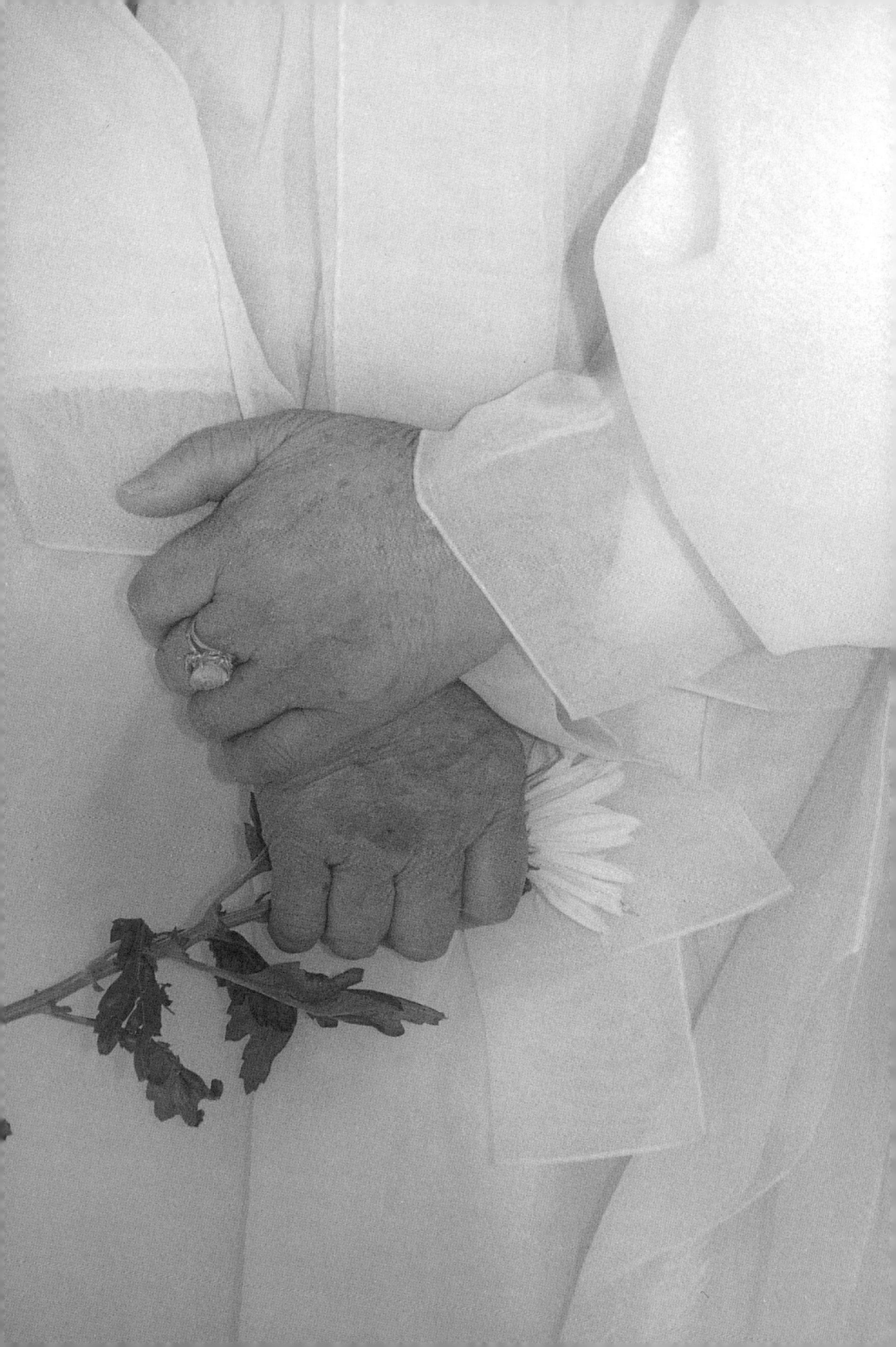

T h e K o r e a C o n s

대 한 민 국 헌 법
大韓民國憲法

제8장

itution

지방자치

제8장 지방자치
大韓民國憲法

제117조 ① 지방자치단체는 주민의 복리에 관한 사무를 처리하고 재산을 관리하며, 법령의 범위 안에서 자치에 관한 규정을 제정할 수 있다.
② 지방자치단체의 종류는 법률로 정한다.

제118조 ① 지방자치단체에 의회를 둔다.
② 지방의회의 조직·권한·의원선거와 지방자치단체의 장의 선임방법 기타 지방자치단체의 조직과 운영에 관한 사항은 법률로 정한다.

지방자치단체(地方自治團體) 국가의 통치권 밑에서 그 나라 영토의 일부를 구역으로 하여, 구역 내에서는 법이 인정하는 범위에서 지배권을 소유하는 단체. 특별시·광역시·도의 광역자치 단체와 시·군·구의 기초자치단체로 구별됨.
주민(住民) 그 땅에 사는 백성.

복리(福利) 행복과 이익.
법령(法令) 법률과 명령을 아울러 이르는 말.
지방의회(地方議會) 지방자치단체의 의결기관으로 기초의회와 광역의회로 구별됨.

The Korea Cons

대한민국헌법

大韓民國憲法

제9장

경제

제9장 경제
大韓民國憲法

제119조 ① 대한민국의 경제질서는 개인과 기업의 경제상의 자유와 창의를 존중함을 기본으로 한다.
② 국가는 균형 있는 국민경제의 성장 및 안정과 적정한 소득의 분배를 유지하고, 시장의 지배와 경제력의 남용을 방지하며, 경제주체 간의 조화를 통한 경제의 민주화를 위하여 경제에 관한 규제와 조정을 할 수 있다.

창의(創意) 지금까지 없었던 일을 처음으로 생각해 내는 것. 또는 그 의견.
존중(尊重) 높이고 중요하게 여기는 것.
기본(基本) 사물의 기초를 이루어 중심이 되거나 일차적으로 중요한 것.
적정(適正) 알맞고 올바른 것.
분배(分配) 생산과정에 관여한 사람들에게 생산물에서 나오는 이윤을 나누어주는 것.
남용(濫用) 1. (재물이나 약 따위를) 아끼지 않거나 규정을 벗어나 마구 쓰는 것. 2. 권리나 권력을 일정한 기준이나 한도를 넘어서 마구 행사하는 것.
방지(防止) 일어나지 못하게 막는 것.

경제주체(經濟主體) 자기의 의지와 판단에 의해 경제활동을 행하는 주체. 기업·개인(또는 가계)·정부·외국 따위가 전형적인 경제주체이다.
경제(經濟)의 민주화(民主化) 경제생활에서 민주적인 요구·정책·제도를 실현해 나가는 것. 경제 민주화는 모든 국민이 인간다운 생활을 할 수 있도록 국가가 이를 보장하는 것으로, 완전고용·사회보장·사회복지를 추구하는 것을 한편으로 한다. 또한 경제활동의 여러 분야나 단계에서 노동자들이 이익분배나 기업의 의사결정에 참여할 수 있는 권리를 보장하는 것을 다른 한편으로 한다.

제120조 ① 광물 기타 중요한 지하자원·수산자원·수력과 경제상 이용할 수 있는 자연력은 법률이 정하는 바에 의하여 일정한 기간 그 채취·개발 또는 이용을 특허할 수 있다.
② 국토와 자원은 국가의 보호를 받으며, 국가는 그 균형 있는 개발과 이용을 위하여 필요한 계획을 수립한다.

제121조 ① 국가는 농지에 관하여 경자유전의 원칙이 달성될 수 있도록 노력하여야 하며, 농지의 소작제도는 금지된다.
② 농업생산성의 제고와 농지의 합리적인 이용을 위하거나 불가피한 사정으로 발생하는 농지의 임대차와 위탁경영은 법률이 정하는 바에 의하여 인정된다.

광물(鑛物) 천연에서 나는 무기물질로 질이 균일하고 화학성분이 일정한 물질.
지하자원(地下資源) 땅 속에 묻혀 있는 광물 중에서 채굴되어 인간의 생활에 도움을 주는 것.
수산자원(水産資源) 강이나 하천, 바다에서 얻을 수 있는 물고기, 해초 따위를 모두 일컫는 말.
수력(水力) 물의 힘.
자연력(自然力) 생산 요소의 하나. 사람의 노동력을 돕는 자연의 힘으로, 풍력·수력·광력(光力)·전기력·증기력 따위가 있음.
채취(採取) 특정한 필요를 위해 캐거나 베어서 얻는 것.
개발(開發) 1. 천연자원 따위를 개척하여 유용하게 만드는 것. 2. 산업이나 경제 따위를 흥하도록 발전시키는 것.
특허(特許) 1. 특별히 허락하는 일. 2. 어떤 사람의 창안으로 이루어진 발명의 전용권(專用權)을 본인 또는 그 승계자에게만 부여하는 행정 행위. '특허권'의 준말. 자연 법칙을 이용한 기술적 사상 가운데 고도의 발명에 대해서, 그 고안에 관계되는 방법·물품을 배타적 또는 독점적으로 사용·제조·양도할 수 있는 권리.
수립(樹立) 제도나 계획 따위를 이룩하여 세우는 것.
경자유전(耕者有田)의 원칙 농민적 토지소유제의 기본 원칙으로 토지는 직접 농사를 짓는 농민이 소유해야 한다는 입장.
소작(小作) 농토를 소유하지 못한 농민이 남의 땅을 빌려 농사를 짓는 것.
임대차(賃貸借) 당사자의 한쪽이 상대방에게 어떤 물건을 사용해서 이익을 얻을 수 있도록 약속하고, 이에 대해 그 상대방이 임대료를 지급할 것을 내용으로 하는 계약.
농지의 위탁경영(委託經營) 지주가 농사를 짓는 농민에게 농지의 운영을 맡기고, 농지 운영의 대가를 지불하는 농지의 운영방식.

제122조 국가는 국민 모두의 생산 및 생활의 기반이 되는 국토의 효율적이고 균형 있는 이용·개발과 보전을 위하여 법률이 정하는 바에 의하여 그에 관한 필요한 제한과 의무를 과할 수 있다.

제123조 ① 국가는 농업 및 어업을 보호·육성하기 위하여 농·어촌 종합개발과 그 지원 등 필요한 계획을 수립·시행하여야 한다.

② 국가는 지역 간의 균형 있는 발전을 위하여 지역경제를 육성할 의무를 진다.

③ 국가는 중소기업을 보호·육성하여야 한다.

④ 국가는 농수산물의 수급균형과 유통구조의 개선에 노력하여 가격안정을 도모함으로써 농·어민의 이익을 보호한다.

⑤ 국가는 농·어민과 중소기업의 자조조직을 육성하여야 하며, 그 자율적 활동과 발전을 보장한다.

위탁(委託) 1. 남에게 사물의 책임을 맡기는 것. 2. 어떤 행위나 사무의 처리를 남에게 맡겨 부탁하는 일.
기반(基盤) 사물의 발전에 기초가 되는 바탕.
보전(保全) 온전하게 잘 지키거나 지니는 것.
제한(制限) 일정한 한도를 정하거나 그것을 넘지 못하게 막는 것.
보호(保護) (어떤 대상을) 위험이나 재난 등이 미치지 않도록 잘 보살펴 지킴.
육성(育成) 길러 자라게 하는 것.

중소기업(中小企業) 자본금이나 종업원의 수가 중·소규모인 기업.
수급균형(需給均衡) 수요와 공급이 균형을 이룬 상태.
유통구조(流通構造) 상품이 생산자에서 소비자에게로 넘어가는 과정의 체계.
도모(圖謀) 어떤 일이 이루어지도록 꾀하는 것.
자조(自助) 자기의 향상·발전을 위하여 스스로 애쓰는 것.

제124조 국가는 건전한 소비행위를 계도하고 생산품의 품질향상을 촉구하기 위한 소비자보호운동을 법률이 정하는 바에 의하여 보장한다.

제125조 국가는 대외무역을 육성하며, 이를 규제·조정할 수 있다.

제126조 국방상 또는 국민경제상 긴절한 필요로 인하여 법률이 정하는 경우를 제외하고는, 사영기업을 국유 또는 공유로 이전하거나 그 경영을 통제 또는 관리할 수 없다.

계도(啓導) 남을 깨치어 이끌어줌.
촉구(促求) 어떤 일을 하도록 재촉하여 요구하는 것.
무역(貿易) 국가 사이에서 상품을 매매하고 거래하는 경제활동.

긴절(緊切)하다 아주 절실하다.
사영기업(私營企業) 개인이 운영하는 기업.

제127조 ① 국가는 과학기술의 혁신과 정보 및 인력의 개발을 통하여 국민경제의 발전에 노력하여야 한다.
② 국가는 국가표준제도를 확립한다.
③ 대통령은 제1항의 목적을 달성하기 위하여 필요한 자문기구를 둘 수 있다.

혁신(革新) 오랜 풍습, 관습, 조직, 방법, 생각 따위를 바꾸어 아주 새롭게 하는 것.
표준(標準) 사물의 정도, 성격을 알기 위한 근거나 기준.

확립(確立) 체계, 견해, 조직 따위가 확고히 서거나 또는 서게 하는 것.

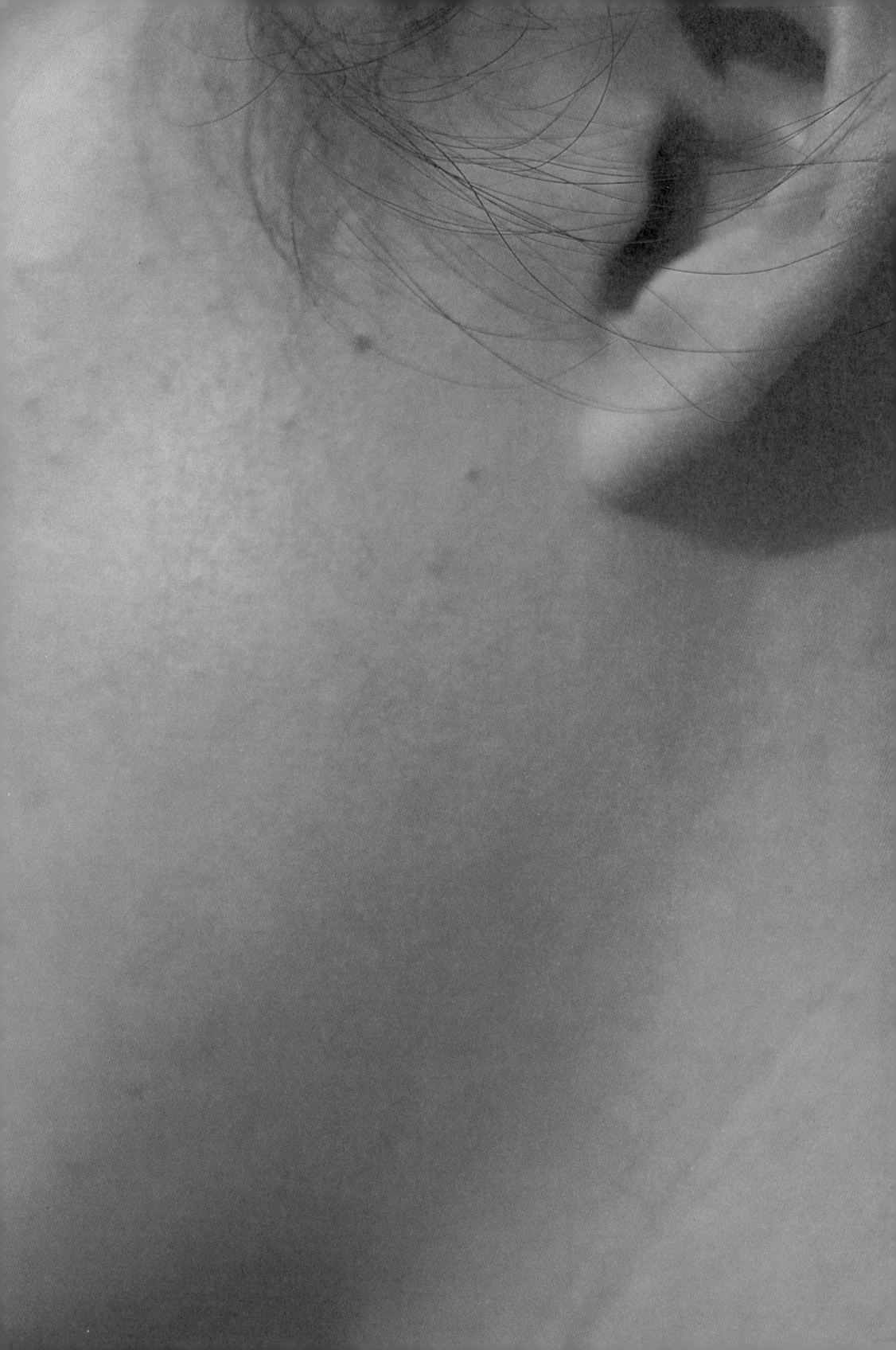

T h e K o r e a C o n s

대 한 민 국 헌 법
大韓民國憲法

제10장

헌법개정

제10장 헌법개정

제128조 ① 헌법개정은 국회 재적의원 과반수 또는 대통령의 발의로 제안된다.
② 대통령의 임기연장 또는 중임변경을 위한 헌법개정은 그 헌법개정 제안 당시의 대통령에 대하여는 효력이 없다.

제129조 제안된 헌법개정안은 대통령이 20일 이상의 기간 이를 공고하여야 한다.

발의(發議) 회의에서 의견이나 의안을 제출하는 것.
제안(提案) 어떤 일에 대한 안을 내 놓는 것.

중임(重任) (어떤 사람이 이미 맡은 적이 있는 직위나 직책을) 다시 맡는 것.

제130조 ① 국회는 헌법개정안이 공고된 날로부터 60일 이내에 의결하여야 하며, 국회의 의결은 재적의원 3분의 2이상의 찬성을 얻어야 한다.
② 헌법개정안은 국회가 의결한 후 30일 이내에 국민투표에 붙여 국회의원 선거권자 과반수의 투표와 투표자 과반수의 찬성을 얻어야 한다.
③ 헌법개정안이 제2항의 찬성을 얻은 때에는 헌법개정은 확정되며, 대통령은 즉시 이를 공포하여야 한다.

개정(改正) (문서 따위를) 고쳐 바르게 하는 것.
공고(公告) 1. 세상에 널리 알리는 것. 2. 국가나 공공 단체가 일정한 사항을 광고·게시 따위의 방법으로 일반 공중에게 알리는 일.
의결(議決) 합의를 통해 결정하는 것.

확정(確定) 변동이 없도록 일을 확실히 정하는 것.
즉시(卽時) 1. 바로 그때. 2. 시간적으로 곧.

T h e　K o r e a　C o n s

대한민국헌법
大韓民國憲法

itution 부칙

부칙
大韓民國憲法

제1조　이 헌법은 1988년 2월 25일부터 시행한다. 다만, 이 헌법을 시행하기 위하여 필요한 법률의 제정·개정과 이 헌법에 의한 대통령 및 국회의원의 선거 기타 이 헌법시행에 관한 준비는 이 헌법시행 전에 할 수 있다.

제2조　❶ 이 헌법에 의한 최초의 대통령선거는 이 헌법시행일 40일 전까지 실시한다.
　　　 ❷ 이 헌법에 의한 최초의 대통령의 임기는 이 헌법시행일로부터 개시한다.

시행(施行) 1. 실제로 행하는 것. 2. 법령의 효력을 실제로 발생시키는 것.
제정(制定) (제도·법률 따위를) 만들어 정하는 것.

실시(實施) 실제로 시행하는 것.
개시(開始) (사업이나 행동을) 처음으로 시작하는 것.

제3조 ① 이 헌법에 의한 최초의 국회의원선거는 이 헌법공포일로부터 6월 이내에 실시하며, 이 헌법에 의하여 선출된 최초의 국회의원의 임기는 국회의원선거 후 이 헌법에 의한 국회의 최초의 집회일로부터 개시한다.
② 이 헌법공포 당시의 국회의원의 임기는 제1항에 의한 국회의 최초의 집회일 전일까지로 한다.

선출(選出) (어떤 사람을 어떤 직위의 사람으로, 또는 어떤 직위의 사람을) 일정한 절차를 거쳐 여럿 가운데서 뽑는 것.

o, what is it that you think yc
ore people knowing you tha
un it. Put a black cross on
u will get your trainer and yc
ybe you are right. I can't figh
he same time you apprecia
an much deeper than that. A
an Us. Maybe you have son
nan TV all the time, you luck
your grandfather - hell, eve
vice versa. Feels like too r
ice I can give you is start sr
where? Well, want it, but
eve he said anything that s
riends. He thinks about he
u let them. In the end, it's N

want? The received wisdom
ou know people. Everything
ur door. It's no fun. It's just fo
 home gym, even though I
ou (I'd lose). Now, your mo
the fact that everybody's go
d no amount of wood flowe
one better looking than yo
thing. Of course, some of y
your dad got the Sixties. W
ich sometimes, huh? You'd
ll. Sort out your bat room
ow what it is you're wantin
art, either. ea f Le
onstantly. ha
w Trainers nd d

제4조 ① 이 헌법시행 당시의 공무원과 정부가 임명한 기업체의 임원은 이 헌법에 의하여 임명된 것으로 본다. 다만, 이 헌법에 의하여 선임방법이나 임명권자가 변경된 공무원과 대법원장 및 감사원장은 이 헌법에 의하여 후임자가 선임될 때까지 그 직무를 행하며, 이 경우 전임자인 공무원의 임기는 후임자가 선임되는 전일까지로 한다.

② 이 헌법시행 당시의 대법원장과 대법원 판사가 아닌 법관은 제1항 단서의 규정에 불구하고 이 헌법에 의하여 임명된 것으로 본다.

③ 이 헌법 중 공무원의 임기 또는 중임제한에 관한 규정은 이 헌법에 의하여 그 공무원이 최초로 선출 또는 임명된 때로부터 적용한다.

선임(選任) 사람을 가려 뽑아서 직무를 맡기는 것.

단서(但書) 법률 조문이나 문서 등에서, 본문 다음에 그에 대한 어떤 조건·예외 따위를 덧붙여 놓은 글.

규정(規定) 법령에서 개개의 조항을 정하는 일. 또는, 그 조항.

적용(適用) (무엇을 어디에) 맞추어 쓰는 것.

제5조 이 헌법시행 당시의 법령과 조약은 이 헌법에 위배되지 아니하는 한 그 효력을 지속한다.

제6조 이 헌법시행 당시에 이 헌법에 의하여 새로 설치될 기관의 권한에 속하는 직무를 행하고 있는 기관은 이 헌법에 의하여 새로운 기관이 설치될 때까지 존속하며 그 직무를 행한다.

존속(存續) (어떤 대상이나 현상이) 그대로 존재하는 상태를 유지하거나 계속하는 것.

사진 찾아보기

4~5 시위 도중 최루탄에 맞아 사망한 연세대 이한열 군의 영결식 노제가 개최된 서울시청 앞 광장에 모인 인파. 1987년 7월 9일 ⓒ 최재영

38~39 동강의 뗏목 띄우기. 정선 골안때와 영월 본때가 만나 서울로 목재나 땔감을 실어 나르던 과거의 뗏목행렬을 재현하는 모습. 2001년 강원도 영월군 ⓒ 김시동

8~9 2002 한일 월드컵 한국 대 미국 경기를 응원하기 위해 서울시청 앞 광장에 운집한 붉은악마 응원단. 2002년 6월 10일 ⓒ 최재영

42~43 2002 한일 월드컵 한국 대 미국 경기 때 비 내리는 서울시청 앞 광장에서 응원하고 있는 붉은악마 응원단. 2002년 6월 10일 ⓒ 류효진

10~11 제주도의 보리밭. 1999년 ⓒ 김남순

46~47 미군 폭격장이 있는 매향리 풍경. 경기도 화성군 우정면 매향리 ⓒ 강용석

16~17 위성에서 바라본 아시아 지역의 도시 불빛 ⓒ 미 항공우주국(NASA)

50~51 군인들의 목욕 ⓒ 양종훈

22~23 위성에서 바라본 비무장지대(DMZ) 부근, 2001년 미국 지구관측위성 Landsat ETM ⓒ 쓰리지코어

54~55 판문점 공동회의실에 견학 온 여군 간부 후보생들과 선팅한 유리창 너머로 이들을 들여다보고 있는 북한 경비병들. 1996년 6월 27일 ⓒ 최진연

24 위성에서 바라본 서울. 2000년 4월 IKONOS 위성 ⓒ 쓰리지코어

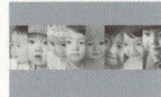
58~59 아기들 ⓒ 엘가스튜디오

25 위성에서 바라본 평양. 1991년 러시아 첩보위성 DK-2 ⓒ 쓰리지코어

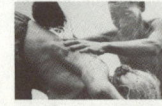
62 전북 고창에서의 등목. 1974년 ⓒ 김녕만

29 중국 쪽에서 바라본 백두산 천지 ⓒ 정주하

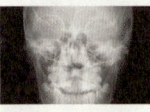
67 1987년에 태어난 한국인의 머리를 2002년에 촬영했다. ⓒ 인천사랑병원

34~35 소양댐 방류 모습. 1998년 8월 강원도 춘천시 ⓒ 김정순

68~69 온갖 생활용품을 손수레에 가득 싣고 가는 만물장수. 2002년 서울 광화문 교보문고 앞길 ⓒ 김성룡

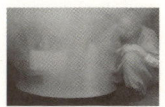 73 불령산에 있는 비구니 강원 청암사는 무쇠솥에 죽과 밥을 짓는 전통을 지켜 가고 있다. 2002년 4월 17일 경북 울진군 ⓒ 허경민

 106~107 모내기 작업 중 새참시간. 1999년 경남 김해 ⓒ 김정순

 76~77 신라시대 감은사 터. 2002년 경북 경주시 양북면 용당리 ⓒ 정주하

 110~111 썰물 때의 전북 김제시 심포항. 2001년 11월 ⓒ 이성대

 80~81 경기도 안성에 있던 기도원인 혜생원에서 마주친 정신장애우. 1983년 경기도 안성시 대덕면 건지리 ⓒ 정주하

 114~115 산동네 '꼬방마을'의 신년 새벽 풍경. 2000년 1월 5일 서울 신림동 ⓒ 전대식

 85 "열심히 하겠습니다." 한 은행 신입사원이 지나가는 시민을 향해 자신의 각오를 목청껏 외치고 있다. 2001년 7월 25일 광주직할시 광주은행 앞 ⓒ 김영근

 118~119 코리아 헤리티지 캠프가 주최하는 한국 뿌리찾기 캠프에서 애국가를 부르고 있는 한국출신 미국입양아들. 2002년 6월 미국 콜로라도주 그린비 YMCA 캠프장 ⓒ 안해룡

 88~89 "남들은 신경 안 써요." 2002년 서울 지하철 5호선 ⓒ 조용준

 123 킬리안 기법으로 찍은 무궁화 잎. 수만 볼트의 고주파 전류를 무궁화 잎에 흘려 이때 나오는 냉광(冷光)을 필름에 밀착시켜 '기(氣)'를 순간 포착했다. 1989년 5월 ⓒ 이봉섭

 93 배를 만들고 있는 노동자들. 1997년 경남 옥포 대우조선소 ⓒ 김동규

 128~129 머드 축제에서 진흙탕을 즐기고 있는 사람들. 2001년 8월 충남 보령시 대천해수욕장 ⓒ 진정균

 96~97 추위를 피해 남자화장실 라디에이터 위에서 잠든 노숙자. 2000년 11월 29일 서울 용산역 ⓒ 김성룡

 132~133 강원도 횡성군 횡성읍 섬강유원지. 2001년 ⓒ 김시동

 99 대우자동차 정리해고가족대책위 위원장 정순이 씨가 정리해고 철회를 촉구하며 벌이는 1인 시위. 2001년 4월 9일 서울 광화문 앞 ⓒ 이종승

 135 강원도 영월군 서강의 반딧불이 ⓒ 서강지키기

 103 한겨울에 작업 중인 소방관. 2001년 1월 15일 서울 강동소방서 ⓒ 이훈구

 138~139 서울시청 부근 전경 ⓒ 김철현

142~143 변산반도 격포 김 양식장의 김발. 전북 부안군 변산면 격포리 ⓒ 정주하

170~171 거제도 홍포의 별. 2002년 ⓒ 서성원

145 서울 하늘에 뜬 쌍무지개. 2000년 ⓒ 김성룡

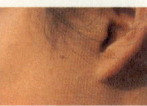
173 1987년 생 한국인의 피부 ⓒ 정주하

150~151 굿을 할 때 신을 청하거나 잡귀를 물리치는 데 사용하는 쇠방울. 뚝대라고도 한다. 2000년 7월 인천시 만석동 부두 ⓒ 김정순

176~177 한국인의 유전자 지도 (Korean Genome BAC Clone Map) ⓒ 마크로젠주식회사

153 1997년 4월 망월동 묘역 이장을 앞두고 5·18 당시 희생자들이 많았던 광주교도소 앞에서 어느 유족이 헌화할 꽃을 쥐고 있다. ⓒ 박성배

180~181 고리 원자력발전소 앞바다의 아이들. 2002년 부산시 기장군 장안읍 ⓒ 정주하

154~155 대구 지하철 참사 희생자들에게 바치는 시민들의 조의. 2003년 대구 중앙로역 ⓒ 김성룡

184~185 강릉단오제. 2001년 강원도 강릉시 남대천 ⓒ 김시동

159 물에 잠긴 집. 2001년 경남 울산군 온산면 온산공단 ⓒ 이상일

188~189 제4회 광주비엔날레에서 작가와 커미셔너가 작품 앞에서 이야기를 나누고 있다. 2002년 3월 29일 광주시 북구 용봉동 비엔날레 전시관 ⓒ 김영근

162 해체하기 전 조선총독부 건물. 1995년 ⓒ 최재영

191~193 "오늘은 어린이 날 우리들 세상" 2002년 5월 5일 경기도 과천시 서울랜드 ⓒ 안철민

163 조선총독부 건물 철거. 1996년 11월 6일 ⓒ 신원건

194~195 하늘에서 본 마라도. 1997년 ⓒ 최재영

166~167 처녀, 총각의 영혼을 짝 지워주는 망자 혼사굿. 2002년 10월 6일 전주 한옥생활체험관에서 열린 산조예술제 행사 ⓒ 이상원

편집후기

왼쪽부터 송성재(그래픽디자이너, today-song@hanmail.net), 박영률(출판인, yypark@eeel.net),
류이인렬(연출가, nonil@naver.com), 정주하(사진가, chuha123@hanmail.net),
백욱인(사회학자, wipaik@soback.kornet21.net), 이석태(변호사, stlee@cyberduksu.co.kr)

편집위원들이 모여 회의를 했습니다.

헌법을 알기 쉽게 설명합시다.
; 반대합니다. 헌법 이해에 선입견을 줄 수 있습니다.

위헌 법률을 사례로 제시합시다.
; 안됩니다. 헌법 해석의 폭이 너무 좁아질 수 있습니다.

현행 헌법의 제정 취지를 설명합시다.
; 반대합니다. 헌법의 성격을 특정 집단의 이해 관계로 오도할 수 있습니다.

사진은 헌법 내용을 예시할 수 있는 것으로 고릅시다.
; 안됩니다. 헌법을 너무 감정적으로 받아들일 위험이 있습니다.

헌법의 추상성을 사진의 현장감으로 보완합시다.
; 반대합니다. 대한민국의 외연이 너무 좁아집니다.

미국, 일본, 중국 등의 헌법도 함께 실읍시다.
; 자신 없습니다. 정확하게 번역하려면 몇 년의 시간이 필요합니다.

헌법의 어려운 말을 쉽게 고쳐 씁시다.
; 반대합니다. 현장에서 국민들이 만나는 헌법과 똑 같은 헌법이어야합니다.

그럼 뭐하러 헌법 책을 새로 만듭니까?
; 헌법 아는 국민이 거의 없잖아요.

왜 우린 헌법을 모르지요?
; 언제 법이 국민을 도와준 적 있어요?

아직도 그런가요?
; 법은 좋아졌어요.

그걸 왜 국민들이 모르지요?
; 법대로 되나요?

이젠 법대로 살아야하는 것 아닌가요?
; 그럼 법대로 한번 해볼까요?

법대로 하려면 법을 알아야 하는거 아닌가요?
; 헌법만 알면 법을 다 알 수 있나요?

회의 결과 합의한 사항은 다음과 같습니다.

1. 대한민국 헌법을 있는 그대로 국민들이 만날 수 있도록 한다.
2. 대한민국의 주권자가 단 한번이라도, 처음부터 끝까지 헌법을 읽을 수 있도록 만든다.
3. 사진 선정과 배열에 어떠한 논리도 적용하지 않는다.
4. 헌법의 어려운 말, 너무 당연한 말은 본 뜻을 밝혀둔다.

이런 얘기하고 사진 고르고 글자 고치고 모양 다듬느라 일 년이 훌쩍 흘렀습니다.
우리가 만든 헌법을 우리가 알고 우리가 쓰고 우리가 지켜가는데 이 책이 뭔가 기여하길 기대합니다.
〈대한민국 헌법〉을 만들어 주신 모든 분들께 감사드립니다.

2003년 5월 16일 〈대한민국 헌법〉 편집위원들 올림.

www.commbooks.com

찾아보기

가족생활 61
감사원 121
감사원장 121
감사위원 121
감형 104
강제노역 33
강화 98
개인의 존엄 61
거주·이전의 자유 40
건강하고 쾌적한 환경에서 생활할 권리 60
검열 44
검찰총장 113
경비계엄 102
경자유전의 원칙 165
경제 164~
경제력의 남용 164
경제상의 자유와 창의 164
경제에 관한 규제와 조정 164
경제의 민주화 164
경제주체 간의 조화 164
경제질서 164
경찰공무원 52
계속비 79
계엄 102
고문 33, 36
공개재판 49, 131
공무담임권 45
공무원 24, 52, 57, 104, 113
공무원의 직무상 불법행위 52
과학기술 172
과학기술자의 권리 44
광물 165
교원의 지위 53

교육을 받을 권리 53
교육의 자주성·전문성·정치적 중립성 53
교육재정 53
교육제도 53
구속 33, 36
구속 적부의 심사 37
구조 52
국가비상사태 102
국가안전보장회의 116
국가원로자문회의 113
국가유공자 56
국가표준제도 172
국교 41
국군 21, 98
국군의 외국에의 파견 83
국립 대학교 총장 113
국무위원 84, 108
국무총리 84, 108
국무회의 109
국민경제 164
국민경제자문회의 117
국민의 권리와 의무 32~
국민의 자유와 권리 61
국민투표 98, 148
국방의 의무 63
국선 변호인 36
국영기업체 관리자 113
국정감사 83
국정조사 83
국제법 24
국제평화 21
국채 82
국토 165, 168

국회 66~
국회의원 66
국회의원의 제명 86
국회의장 72
군무원 48, 52
군사법원 48
군사재판 134
군인 48, 52, 108
권력 20
권한쟁의 140
근로의 권리 56
근로의 의무 56
근로자 56
근로조건 56, 57
긴급명령 100, 112
긴급처분 100, 112

납세의 의무 63
내란 105
노인의 복지 57
농·어민 168
농업 168
농지의 위탁경영 165
농지의 임대차 165

단결권 57
단체교섭권 57
단체행동권 57
대법원 126
대법관 126
대법원장 127
대사 113
대외무역 169
대통령 92~

대통령의 임기연장 178
대통령의 중임변경 178
대학의 자율성 53

모성의 보호 61
무죄로 추정 49
무죄판결 49
민족문화 28
민주공화국 20
민주평화통일자문회의 117

발명가의 권리 44
배상 52
법 앞에 평등 32
법관 126
법률 20
법률안 74
법원 126~
변호인 36
병역의무 63
보건 61
보상 45, 49
보안처분 33
복권 104
부령 120
부속도서 21
불기소처분 49
비례대표제 66
비상계엄 48, 102

사면 104
사법권 126
사생활의 비밀과 자유 41
사영기업 169

사회보장 57
사회복지 57
사회적 신분 32
상이군경 56
생활능력이 없는 국민 60
선거 148
선거관리 148~
선거관리위원회 148
선거구 66
선거권 45
선거에 관한 경비 152
선거운동 152
선전포고 83, 98
성별 32
세율 82
소급입법 40
소득의 분배 164
소비자보호운동 169
소작제도 165
수력 165
수산자원 165
수색 33, 36, 41
시장의 지배 164
신문 44
신체의 자유 33
신체장애자 60
심문 33

압수 33, 36, 41
양성의 평등 61
양심의 자유 41
어업 168
언론·출판의 자유 44
여자의 근로 56

여자의 복지와 권익 57
연소자의 근로 56
영장 36, 41
영전 33, 104
영토 21
예비비 79
예산안 78
예술가의 권리 44
외교사절 98
외국군대 83
외국인 24
외환 105
위헌여부 140, 144
유죄의 판결 49
의무교육 53
인간다운 생활을 할 권리 57
인간의 존엄성 56
인권 32
일반사면 104
임시국회 72
입법권 66

자백 37
자연력 165
자원 165
자조조직 168
재산권 40, 45
재외국민 20
재판을 받을 권리 48, 49
재판절차 49
재해 60
저작자의 권리 44
적정임금 56
전몰군경의 유가족 56

전시·사변 102
전쟁 21
전직 대통령 105
전통문화 28
정기국회 72
정당 25, 148
정당의 해산 140, 144
정부 92~
정부위원 84
정식재판 37
조세의 종목 82
조약 24, 83, 98
종교 32
종교와 정치의 분리 41
종교의 자유 41
주거의 자유 41
주권 20
주요 방위산업체 57
중소기업 168
중앙선거관리위원장 148
중앙선거관리위원회 148
지방의회 158
지방자치 158~
지방자치단체 158
지방자치단체장 158
지역경제 168
지하자원 165
직업 선택의 자유 40
집회·결사의 자유 44

차별 32
참모총장 113
참정권 40
처벌 33

청소년의 복지 57
청원할 권리 48
체포 33, 36
총리령 120
최저 임금제 56
추가경정예산안 82

쾌적한 주거생활 60

타인의 명예나 권리 침해 44
탄핵 86, 140, 144
통신·방송 44
통신의 비밀 41
통일 21, 92, 95, 117
특권 33
특별법원 134
특수계급 32

평생교육 53
피고인 37

학교교육 53
학문과 예술의 자유 44
한반도 21
합동 참모의장 113
행복을 추구할 권리 32
행정 각부 120
행정 각부의 장 105
행정권 92
행정심판 130
헌법개정 178~
헌법소원 140, 144
헌법재판소 140~
헌법재판소 재판관 140

헌법재판소장 141
현행범인 36
형사피고인 36, 49
형사피의자 49
형사피해자 49
혼인 61
환경권 60
환경보전 60
회계연도 78
훈장 33, 104